博物馆文物保护与旅游文化传承

李 婷 刘园园 卫 晨 著

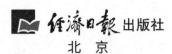

经济日报出版社

北 京

图书在版编目（CIP）数据

博物馆文物保护与旅游文化传承 / 李婷，刘园园，
卫晨著 . -- 北京 : 经济日报出版社，2024.3
ISBN 978-7-5196-1467-6

Ⅰ . ①博… Ⅱ . ①李… ②刘… ③卫… Ⅲ . ①博物馆
—文物保护—研究—中国②博物馆—旅游文化—研究—中
国 Ⅳ . ① G264 ② F592

中国国家版本馆 CIP 数据核字 (2024) 第 039945 号

博物馆文物保护与旅游文化传承

BOWUGUAN WENWU BAOHU YU LÜYOU WENHUA CHUANCHENG

李　婷　刘园园　卫　晨　著

出　　版：经济日报出版社
地　　址：北京市西城区白纸坊东街 2 号院 6 号楼 710（邮编 100054）
经　　销：全国新华书店
印　　刷：廊坊市海涛印刷有限公司
开　　本：710mm×1000mm　1/16
印　　张：7.5
字　　数：126 千字
版　　次：2024 年 3 月第 1 版
印　　次：2024 年 3 月第 1 次印刷
定　　价：68.00 元

前　言

博物馆中收藏着大量珍贵的文物，这些文物在文化传播与传承方面发挥着重要的作用，也为人类社会的文化传播提供助力和支持。文物的保护和管理对于博物馆的建设有着至关重要的影响和意义。伴随社会生产力的提升，社会大众逐渐形成了较强的文物保护和管理意识。总而言之，博物馆文物的保护和管理势在必行，应该引起社会各界的关注和重视。

博物馆的文物保护直接影响着博物馆的长期发展，它需要通过文化管理来提供支持与保障。博物馆中收藏着大量不同类型的文物，这些文物大多都拥有悠久的历史，具备宝贵的研究价值和文化价值。中华民族在几千年的发展中孕育出了丰富多元的传统文化，这些文化可通过文物来进行传承和发扬。我们可以尝试根据历史发展中遗留的文物来探索那个时期发生的重要事件。通过对这些遗留文物的观察和鉴赏，我们可以追溯当时的历史文化发展概况，从中找到一些蛛丝马迹，这对于中国传统文化的传承与发扬有着重要的意义。除此之外，还能让现代人知晓文化传承的价值，进而关注博物馆中文物的保护和管理。

旅游业在各个历史发展时期都普遍存在。在不同的发展时期，旅游业所肩负的任务和使命也有所差别。现如今，旅游业在追求经济效益的同时，也更加注重创造更多的社会效益。也就是说，旅游业在现代社会发展阶段已然演变为传承中国传统文化的载体。文物是古代劳动人民的智慧结晶，拥有重要的文化价值和历史价值，各个国家长期以来都非常重视文物的管理和保护，但是，随着现代旅游业的快速发展，文物管理和保护工作的开展又面临新的难题。就我国而言，文物保护的任务异常艰巨，由此对文物保护部门和工作人员提出了严格的要求。在我国旅游事业快速发展的过程中，国内旅游业逐渐与国际接轨，并展现出良好的发展前景。怎样处理旅游业发展和文物保护之间的关系成为国家文物保护部门现阶段亟须解决的问题。

本书围绕"博物馆文物保护与旅游文化传承"这一主题，以博物馆文物的基本知识为切入点，阐述了博物馆文物保护的概念、理念、原则、技术手段，论述了博物馆文物保护的方法与举措，探究了旅游文化的传承、文物旅游资源的保护与开发等内容，以期为读者理解与践行博物馆文物保护与旅游文化传承提供有价值的参考和借鉴，进而助力旅游产业的可持续发展。本书逻辑清晰、理论严谨、渐次深入，且文笔朴实、语言通俗流畅，做到了理论与实践相结合，适用于从事博物馆文物保护以及旅游相关工作的专业人员。

在本书的写作过程中，笔者对一些学者积累的研究成果和先进经验等进行了参考和借鉴，在这里向前辈们致以真诚的谢意。本书的研究课题涵盖多个方面和不同维度，虽然笔者已竭尽所能，但在某些方面还是存在一定的缺陷和不足，有待各位专家予以指正，笔者将不胜感激。

作者

2023年11月

目　录

第一章　博物馆的基本知识

博物馆储藏着世界各民族的记忆与文化，是具有多种性质的社会公共文化机构，在当今社会中发挥着越来越重要的作用。本章主要从内涵、构成、特征、功能、常见类型及其发展等不同侧面阐明博物馆的基本知识。

第一节　博物馆的内涵及构成

一、博物馆的内涵阐释

（一）博物馆称谓的由来

今天我们汉语中所使用的"博物馆"一词是近代才由英语"Museum"翻译而来的。而包括英语、法语、德语、意大利语、西班牙语在内的大部分西方语言，甚至俄语中的"博物馆"一词则全都来源于希腊语"Mouseion"，意即"供奉缪斯、从事研究之处所"。缪斯（Muses）就是古希腊传说中主管文化艺术的九位女神。1683年，世界上第一座现代意义的博物馆——阿什莫尔艺术和考古博物馆建成开放并正式使用"Museum"命名。自此，"Museum"遂成为博物馆的固定称谓，并一直沿用至今。

尽管我国古代文献中早有"博物"一词，但"博物"与"馆"连用，作为一种社会文化教育机构的称呼，则出现得比较晚，仅有一百多年的时间。中国对西方博物馆的接触和了解，始于19世纪中叶。鸦片战争结束后，中国到西方出访，留学的人逐渐增多。这些追求知识和真理的人们大都被西方形形色色的博物馆所吸引，因此，在他们的游记和随笔中，时常有参观西方博物馆的记述，而他们对这些博物馆的称呼却各不相同，如"集宝楼""积宝楼""禽骨馆""画阁""军器楼"等，并没有统一的称谓。

1867—1870年间，晚清著名思想家王韬在欧洲诸国游历，回国后在他所著的《漫游随录》中首先使用了"博物院"一词来称呼西方的博物馆，但这个称呼当时并没有普及开来。与此同时，亚洲的日本也积极遣使造访和学习西方。其中，赴美使节团中的名村元度于1860年便开始使用"博物馆"一词。明治时代的资产阶级启蒙思想家福泽谕吉随幕府使节团造访欧美之后，更是在其所著的《西洋事情》初编（卷之一，1866年出版）中明确指出"博物馆乃以搜集世界上之物产、古物、珍品等出示于人，以广见闻而设立者也"。

但是，直到19世纪70年代中叶以后，"博物馆（博物院）"才逐渐成为"Museum"的固定译语。

（二）博物馆的不同定义

我们现在所能看到的较早的关于现代博物馆的定义可能产生于17世纪下半叶。当时将博物馆定义为：一个"贮存和收藏各种自然、科学与文学珍品或趣物或艺术品的场所"。由此可见，虽然博物馆在当时已经被看作是为了保护藏品的安全而专门营造的建筑，但是却没有包含对藏品的测定、陈列和研究。因此，可以说，那时对博物馆的理解依然停留在与传统珍品收藏所相等同的层面上。

这种定义显然无法反映近代以来博物馆翻天覆地的变化。20世纪以来，博物馆不仅在各国的社会生活中发挥着日益重要的作用，而且其发展也已逐渐成为国际性事务，尤其是博物馆学和国际博物馆协会产生之后，各国博物馆学者们更是对博物馆的定义提出了迫切的要求，希望就此达成国际范围内的共识。因为如果没有一个科学、合理、准确、全面的博物馆定义，现代博物馆间的交流、合作以及博物馆学的教学和研究都很难进行。可是，人们在探索博物馆定义的实践中才慢慢发现，由于博物馆形态的多样性、职能的多重性、区域性文化特征与意识形态的差异性以及博物馆内涵与外延的历史性变化等原因，恰当定义博物馆实在是困难重重。

即便如此，长久以来，许多国家的博物馆组织和学者依然努力不懈，在结合本国国情和博物馆实践的基础上，提出了不少颇有见地的博物馆定义。例如，日本1951年制定的《博物馆法》中将博物馆定义为："收集、保管（包括培育）、陈列展出有关历史、艺术、民俗、产业、自然科学等资料，从教育角度出发供一般市民公众利用，为有助于提高其文化素养，供其调查研究、休息娱乐，等等，而举办必要的事业，并对此资料进行调查研究为目的的机构。"美国博物馆协会1962年通过的博物馆定义认为："（博物馆是）非营利的永久性机构，其存在的主要目的不是为组织临时性展览，该机构应享有免交联邦和州所得税的待遇，向社会开放，由代表社会利益的机构进行管理，为社会的利益而保存、保护、研究、阐释、收集和陈列具有教育和欣赏作用的物品及具有教育和文化价值的标本，包括艺术品、科学标本（有机物和无机物）、历史遗物和工业技术制成品。符合前述定义的机构还包括具备上述特点的植物园、动物园、水族馆、天象厅、历史文化学会、历史建筑和遗址。"《苏联大百科全书》则提出："博物馆是征集、保藏、研究和普及自然历史标本、物质及精神文化珍品的科学研究机构、科学教育机构。"我国现在普遍采取的博物馆定义是1961年文化学院文物博物馆干部学习班所编《博物馆工作概论》中的表述：博物馆是"文物和标本的主要收藏机构，宣传教育机构和科学研究机构，是我国社会主义科学文化事业的重要组成部分"。

虽然这些博物馆定义没有得到国际博物馆学界的普遍认可，但它们却都为本国博物馆事业的发展起到了积极的指导和推动作用，并为日后世界通用博物馆定义的形成提供了有益的借鉴。

其实，同各国的博物馆组织和学者一样，代表世界各地博物馆和博物馆专业人员的国际博物馆协会（以下简称"国际博协"）自1946年成立伊始，就在一直努力，试图给博物馆一个恰当的定义。

1946年，国际博协创立之初的章程曾规定："博物馆是指向公众开放的美术、工艺、科学、历史以及考古学藏品的机构，也包括动物园和植物园，但图书馆如无常设陈列室者则除外。"

1951年修订后的博物馆定义为："博物馆是运用各种方法保管和研究艺术、历史、科学和技术方面的藏品以及动物园、植物园、水族馆具有文化价值的资料和标本，供公众欣赏、教育而公开开放为目的的，为公共利益而进行管理的一切常设机构。"

1961年国际博协修订后的博物馆定义在形式上开始包括两部分内容，一部分（第3条）是对包括博物馆组织、目的、功能、工作对象和意义等基本要素的抽象表述，另一部分（第4条）则说明哪些机构可以被视为博物馆。这个定义在表述上较1951年的定义更加精练，同时，将"历史遗迹"和"自然保护区"也列入了博物馆的范畴。

1974年国际博协于丹麦哥本哈根召开的第10届大会暨第11次全体会议形成了现代通用博物馆定义的雏形，章程的第3条规定："博物馆是一个不追求营利，为社会和社会发展服务的公开的永久性机构。它把收集、保存、研究有关人类及其环境见证物当作自己的基本职责，以便展出，公之于众，提供学习、教育、欣赏的机会。"

到了1989年9月，在荷兰海牙举行的国际博协第15届大会暨第16次全体会议通过了修订后的《国际博物馆协会章程》，其中的第2条总结了以往博物馆定义的经验，再次将博物馆的定义修正为：博物馆是为社会及其发展服务的非营利的永久机构，并向大众开放。它为研究、教育、欣赏之目的征集、保护、研究、传播并展示人类及人类环境的见证物。

博物馆之上述定义应不受任何主管机构、地方特征、职能机构或有关机构收藏方针等因素的限制而予以适用。除被指定为"博物馆"的机构外，为本定义之目的，以下具有博物馆资格：从事征集、保护并传播人类及人类环境物证，具有博物馆性质的自然、考古及人类学的历史古迹与遗址；收藏并陈列动物、植物活体标本的机构，如植物园、动物园、水族馆和人工生态园；科学中心及天文馆；图书馆及档案中心常设的保护机构和展览厅；自然保护区；执行委员会经征求咨询委员会意见后认为其具有博物馆的部分或全部特征，或通过博物馆学的研究、教育或培训，能够支持博物馆及博物馆专业工作人员的此类其他机构。

与以往的博物馆定义相比，上述定义不仅更重视博物馆与社会的关系，强调博物馆要为社会及其发展服务，反映出了博物馆的社会参与性，而且更加关注社会公众与博物馆的关系，强调要向大众开放，反映出了博物馆与观众的互动性。同时，随着博物馆事业在全球的发展，它也体现了博物馆外延的变化，将具有博物馆性质的设施和机构都接纳为自己的伙伴。虽然在此之后国际博协还在继续努力对博物馆的定义进行调整和修订，如1995年和2001年分别对1989年定义的词序进行了调整，并且根据博物馆在全球发展的实际情况，对博物馆所包含机构的范畴有所扩充，而2007年修订的定义则只是将人类及人类环境的见证物细化为有形和无形的而已。但是，总体而言，它们都是在1989年定义基础上的微调。因此，可以说，经过多年博物馆实践的验证，国际博协1989年形成的博物馆定义依然是迄今国际范围内通行且相对稳定的博物馆定义。不但许多博物馆学论著引用这个定义，而且不少国家制定本国博物馆定义时也多以此为依据。

（三）对博物馆定义的深入理解

现在通行的1989年国际博物馆协会关于博物馆的定义是在各国博物馆学家们长期探索的努力和实践中产生的，它不仅比较准确地揭示了现代博物馆的性质、目的和功用，而且揭示了博物馆在现代社会文化生活中的地位及其与社会和公众的关系。因此，准确、深入地领会这一定义的内涵，对于博物馆学和现代博物馆的建设都具有重要的指导意义。

1.关于"非营利"机构的深入理解

博物馆定义中的"非营利"机构可以从机构性质和实际运作两个角度加以理解。

基于机构性质的角度而言，"非营利"机构是博物馆的法律身份，强调的是博物馆的基本性质。一方面，"非营利"机构的工作经费和所需人力大多是政府资助或社会捐助的，提供资助的组织和个人并不在意经济报偿，而是更加关注组织行为的社会效益。因此，"非营利"机构没有向其资助者、管理者和组织成员分配经济收益的压力。另一方面，"非营利"机构多从事社会福利、教育、文化等方面的公益活动，其行为成效很难用经济收益标准加以评估。从以上两点可以看出，"非营利"机构是以其根本目的为导向的，即推进社会的积极变革和发展，提高公众素质，提供社会需要的物品和服务。对机构性质的说明和规定，有助于博物馆享受相关的优惠政策，更好地参与和其他相关机构的社会竞争。同时，也是对博物馆活动领域和运作方式的规范与制约。

基于实际运作的角度而言，所谓"非营利"机构并不意味着博物馆"不应当营利"或"不能营利"，而是指它"不追求营利"或"不以营利为目的"。其实，近年来国内外的博物馆普遍存在着资金短缺的问题。当它们面对日益庞杂的自身运作开销、藏品收购、维护、保险和陈列布展、进行科学研究所需的业务花销以及提高软硬件条件所需投入的资金等经费问题时，都难免显得捉襟见肘。在这种情况下，为了更好地发挥博物馆作为永久性社会公益机构的作用，国内外博物馆也都会积极采取诸如吸引更多观众、开办博物馆商店和餐厅、出租场地等措施来增加博物馆的收入，缓解财政压力。其间，许多经营有方的博物馆甚至还会出现盈利。但与企业经营所不同的是，博物馆的盈利是维持自身生存和发展的必要手段，而不是经营的最终目的。博物馆的收入也不同于工商业收入，不会转为股票，也不能转为工作人员的工资，而只能投入博物馆的建设。

总而言之，对于博物馆定义中的"非营利"可以理解为："博物馆事业像其他文化事业一样，不能像企业那样把营利作为前提和终极目的。但并不排斥尽可能地结合本馆的性质和职能，在国家政策允许的范围内，有益于社会和观众，取得合理的经济效益，以促进自身事业的发展。只要经济效益对社会效益的提高起到和谐、同步以至促进的作用，它的存在就是合理的、积极的，它的生命力就是旺盛的。"

2.关于"为社会及其发展服务"的深入理解

博物馆定义中所提出的"为社会及其发展服务"，标志着博物馆界终于开始正确认识到自己与社会的关系。

第一，博物馆之所以历经数百年而不衰，其重要原因就在于它保存和管理着人类社会发展历程的见证，满足了不同时代人们通过历史呈现出来的对现实和未来的渴望。这便是社会对博物馆的基本需求。

第二，博物馆的发展与社会政治、经济、文化的发展密切相关。近现代博物馆就是在文艺复兴、自然科学兴起、启蒙运动、资产阶级革命和工业革命等一系列社会变革的推动下发展起来的。可以说，正是社会的发展推动和促进着博物馆的发展。

第三，随着博物馆界对"人"与"物"关系认识的不断深化，加上社区博物馆、邻里博物馆的兴起，博物馆和社会的联系日益强化，博物馆正在逐渐成为社会文化中心。所有这些都要求博物馆明确自身的公共责任，积极参与社会活动，关注社会的现实和未来，了解社会和公众的需求，通过科学的运作和管理，努力发挥博物馆的功用，以创造最大的社会效益，真正做到"为社会及其发展服务"。

概括地说，定义中的"为社会及其发展服务"，既可以看作是对长久以来博物馆社会化运动的总结，更是博物馆的根本使命和工作目标。

3.关于"向大众开放"的深入理解

定义中的"大众"主要强调的是博物馆服务对象的客观性和广泛性。其中，客观性就是指作为"大众"的社会公众不是以博物馆主观意愿而决定是否成为博物馆"大众"的，他们一直是客观存在的；广泛性是指博物馆的服务对象应该是构成社会的个人、团体和机构，不应因身体状况、文化差异、教育程度、社会地位等因素而受到不同的待遇。

而定义中的"开放"，一方面，体现了博物馆的社会开放性和公益性，博物馆作为公共资源，其包括收藏和基础设施等在内的有形资源和科研、智力、文化氛围等无形资源都应当对社会公众开放，"大众"有权利使用这些公共社会资源；另一方面，这种"开放"应当是双向互动的，博物馆对"大众"开放的同时，"大众"也应当积极地向博物馆开放，并对博物馆积极地给予反馈。当然，这些反馈既可以是有形的，如资金和藏品的捐赠等；也可以是无形的，如为博物馆发展出谋划策、提供志愿服务等。同时，还应当注意的是，博物馆既然将"为社会及其发展服务"作为其根本使命和工作目标，那么，所谓的"开放"就应当是平等互利的开放，而不能以"知识宝库""学术精英"自诩，居高临下地俯视自己的服务对象。

总之，博物馆定义中提出的"向大众开放"，是博物馆的一个基本性质，不仅强调了博物馆作为公共社会资源的开放性和公益性，而且说明了博物馆与社会公众之间平等的双向互动关系。只有"向大众开放"，吸引更多的观众，才能更好地实现博物馆"为社会及其发展服务"的目标。

4.关于"为研究、教育、欣赏之目的"的深入理解

定义中"为研究、教育、欣赏之目的"的表述与"为社会及其发展服务"的目标并不矛盾。与作为根本使命和工作目标的"为社会及其发展服务"相比，"为研究、教育、欣赏之目的"则可以说是博物馆较低层面的目的，也可以看作是博物馆具体业务活动的指导观念和基本目的。研究和教育也一直是我国博物馆的基本性质，所以，对于将它们作为博物馆的目的我们不难理解。在这里我们重点关注的是所谓"欣赏之目的"。一般而言，"欣赏"具有两种不同的形式，一种是专门用于欣赏的陈列或展览，另一种则泛指所有陈列的审美价值和可欣赏性。作为博物馆业务活动的基本目的，两者兼而有之。博物馆完全可以通过陈列、展览和艺术鉴赏等活动，使观众的情操得以陶冶、修养得以提升、思维得到

发散、创造力得以激发，从而达到"欣赏之目的"。

在理解博物馆"为研究、教育、欣赏之目的"的过程中，需要特别注意的是，这种表述很容易给人造成博物馆单方面要达到"研究、教育、欣赏之目的"的错觉，从而忽略了观众的主观能动性，忽视了观众自主学习、自发参与的特点。

因此，我们应当将"为研究、教育、欣赏之目的"理解为：它虽然是博物馆业务活动的指导观念和基本目的，但却需要通过博物馆与观众的共同努力才能够得以实现。

5.关于"征集、保护、研究、传播并展示"的深入理解

一方面，博物馆在进行收藏保护、科学研究、陈列展览、争取更多的观众以及与观众交流互动的过程中，"征集、保护、研究、传播并展示"这些业务活动无不融入其中，发挥着不可替代的作用。

另一方面，只有通过征集、保护、研究、传播和展示等这些具体的工作，才能够达到"研究、教育、欣赏之目的"，进而最终实现"为社会及其发展服务"的目标。因此，博物馆定义中的"征集、保护、研究、传播并展示"，既可以看作是对博物馆各个工作环节的抽象概括，也可以当作实现博物馆"研究、教育、欣赏之目的"的具体方法或手段。

6.关于"人类及人类环境的见证物"的深入理解

"人类及人类环境的见证物"其实就是博物馆的工作对象。这里所谓的"人类及人类环境的见证物"，既包括有形的或物质的人类和自然界的见证物，如出现在各国博物馆定义中的文物、自然标本、人工制品、物质遗产、物品、物证等，也包括无形的或非物质的人类社会和环境的见证物，即非物质文化遗产、电子信息技术生成的虚拟信息等。需要注意的是，在理解"人类及人类环境的见证物"的过程中，还应当突破我们传统的"以古是宝""以稀为贵"的认识误区，努力做到不仅关注古老的、稀有的自然界和人类社会的见证物，同时也应关心现当代的、日常的、大众的、具有代表性的见证物。最终，见证物能否成为博物馆的工作对象，关键还要取决于它是否具有证明人类活动及人类环境状况的能力。

总之，博物馆定义中"人类及人类环境的见证物"的表述，不仅对博物馆的工作对象进行了高度概括，而且还正确地反映了现代博物馆与人类生存和发展的

关系。

综上可知，现在通行的国际博协对博物馆的定义不仅明确指出了博物馆的性质，即博物馆是"非营利"的常设社会公益机构，而且指出了博物馆的根本使命和工作目标是"为社会及其发展服务"，基本目的是"研究、教育、欣赏"，它们可以通过对博物馆工作对象即"人类及人类环境的见证物"的"征集、保护、研究、传播并展示"而得以实现。此外，还可以从其基本目的和工作环节中看出博物馆具有收藏、研究、教育的基本功用。

二、构成博物馆的要素

一般意义上的博物馆通常由四个要素构成：一定数量的藏品，馆舍及其他硬件设施、设备，有基本陈列并持续向社会公众开放，有掌握专业知识与技能的人才。

（一）一定数量的藏品

藏品指博物馆收藏的有关历史、民俗、艺术、技术及自然科学等领域的各种资料，既包括物质资料也包括非物质资料。博物馆藏品是博物馆业务活动的基础，藏品质量的高低和数量的多少是博物馆定级的重要标准以及衡量其社会作用的一个主要条件，也是博物馆声誉之所在。

（二）馆舍及其他硬件设施、设备

作为社会文化机构的博物馆必须拥有馆舍及其他硬件设备、设施以保障博物馆的正常运行。博物馆馆舍必须能满足和适应博物馆的运作，安全是博物馆馆舍最根本的要求之一，展览厅、会议室、餐厅、卫生间等空间的设计与装修布置也应该有服务博物馆运作的意识，在"形式必须服从功能"的基础上，建筑风格应与博物馆的位置与主题相协调。

（三）有基本陈列并持续向社会公众开放

陈列展览是博物馆主要的业务活动形式，也是参观者评价博物馆的重要依据，有基本陈列并持续向公众开放是博物馆实现其基本功能的重要途径。只有根据社会需求和观众特点，利用藏品、信息、视觉形象、空间环境等因素，设计陈列，并吸引观众去参观，博物馆才能真正地实现为社会公众服务。有基本陈列及持续向社会公众开放是博物馆的重要构成因素之一。

（四）有掌握专业知识与技能的人才

博物馆的一切活动都是由具备博物馆专业知识的人才主持和管理的。人才是博物馆事业发展的关键。博物馆的各种人才既包括博物馆的管理者也包括经营、管理、研究藏品、开展社会教育的专业人员。首先，现代博物馆发展需要具有现代经营管理理念的人才，管理者的行政能力、对外交往能力、专业素质直接决定了博物馆事业发展的成败。其次，博物馆社会功能的实现需要掌握博物馆学理论知识、具有创新精神和较强实践能力的各种专业人才。

第二节　博物馆的特征与功能

一、博物馆的特征表现

所谓特征是指一个事物区别于其他事物的特别显著的标志，博物馆是以文物或标本为基础，组成形象化的科学的陈列体系，对群众进行直观宣传教育的公共文化机构，其特征可表述为实物性、直观性、广博性、开放性与公共性。

（一）博物馆的实物性

虽然博物馆也收藏非物质文化遗产，但实物仍然是博物馆一切活动的基础和出发点，"实物"既包含"自然物"，也包含各种"人工制品"，收藏和利用实物是博物馆的最基本特征。

随着科技的进步、信息化的发展，博物馆物质属性的特征并不会发生动摇，数字博物馆、虚拟博物馆与智慧博物馆等博物馆的出现也不能改变博物馆的物质特征，博物馆的物仍然是区别于一切其他文化形式的根本界限，未来的博物馆非但不可能离开物质，相反有必要更好地发掘物质的意义和价值。

（二）博物馆的直观性

博物馆中的实物并不能直接发挥作用，必须在科学而完整的陈列体系中，才能与观众进行交流，通过内容表现与视觉表达手段，向观众的各种感官输送知识、艺术、历史、情感等多元化信息。以文物、标本为主，辅以模型、图表等实物性辅助展品的陈列，比其他文字资料和图片资料更直观生动和有吸引力，更有助于加强观众的记忆，所以直观性是博物馆的又一特征。随着现代科技在展陈中的应用，观众不仅能多角度观察藏品，而且可以通过亲自操作实验，获得身临其境的情感体验，使博物馆的直观性特征更为明显。

（三）博物馆的广博性

随着社会的发展，博物馆呈现多元化的局面，博物馆的收藏内涵不断丰富，涉及文物、艺术、科技、自然等多个方面，从文物到日常用品，从物质文化到非物质文化，从标本到活物等资料都是博物馆收藏和研究的对象，博物馆类型不断增多，专门性博物馆大量涌现，并且出现了许多新形态的博物馆。可见广博性是博物馆区别于其他文化机构的显著特征，而且随着社会的前进与博物馆的发展，这个特征日益显著。

（四）博物馆的开放性

博物馆的开放性不仅体现在对公众开放，更体现在对社会的广泛关注以及与观众的交流互动中。陈列在设计之前要进行观众调研，明确目标观众群，确立陈列定位；设计过程中，要接受观众代表的优化建议，考虑观众的特点，选择适宜的知识背景和语言表达方式；展陈阶段，欢迎观众进入陈列场所，允许观众基于自身的知识解读陈列内容，鼓励观众将参观成果转化为有利于个人发展的资源和动力，并收集整理观众反馈意见，对陈列效果作出科学评价。

（五）博物馆的公共性

公共性，即博物馆是一个公共服务机构，为公众而设立，其服务对象是社会公众，而不是一部分特殊人群。公共性是博物馆的本质属性之一。这种公共性植根于其赖以产生的公共文化需求。博物馆的公共性主要包括公正性、公平性、公益性、公开性四个方面。

第一，公正性就是要求博物馆制度的构建必须合理、合法，即遵循博物馆发展的基本规律，符合相关的法律法规，这是博物馆公共性的前提。

第二，博物馆的公平性既包括使用博物馆的机会和接受相同服务质量等方面的公平，还包括在保证当代人满足或实现自己的需要的同时，还要保证后代人也能够有机会满足他们的利益需要，这是博物馆公共性的核心。

第三，博物馆公益性是指国家、社会和个人为博物馆所提供的设施、条件、产品和服务具有公共性的主要特征，受益者是社会公众。公众受益是博物馆公益性的集中体现。公益性是博物馆事业客观存在的一种社会属性，它不以办馆者的主观意志为转移，无论是由政府办馆还是由非政府组织或个人办馆，博物馆都具有公益性，这是博物馆公共性的目标。

第四，公开性一般是指透明度、民主性。公开性要求博物馆制度能够保障博物馆决策、资源分配、资金来源和使用等的开放性和透明度。博物馆所提供的服务必须具备公开性，公开、透明是博物馆履行公共服务职能的本质要求，这是博物馆公共性的保证。

二、博物馆的主要功能

当前博物馆的功能可表述为收藏、保管，科学研究，教育，娱乐。

（一）收藏、保管

博物馆现象起源于收藏珍品，中国古代收藏书画、彝器、古玉、玺印的现象在商周时期即已出现。古希腊、罗马等文明古国贵族对奇珍异宝的收藏是现代博物馆产生的基础。藏品是人类文明的重要见证，是博物馆工作的核心与基础，收藏、保管也是博物馆的首要与最基本的功能。

随着社会的发展，目前博物馆收藏、保管的对象已不限于珍贵文物与艺术品，而是涉及人类与人类生存环境的各种见证物，既包括物质遗产，又包括非物质文化遗产。只有博物馆能最广泛、最全面地保藏着人类活动和自然发展的真实物证，并把它永久地传给后人，这是博物馆特有的功能。

博物馆获得收藏的途径主要有文物征集、获得馈赠和遗赠、从私人收藏家或拍卖会上购买藏品、考古发掘和调查等。

（二）科学研究

博物馆最初的研究主要是对藏品本身的基础研究以及应用性研究，大量藏品只有进行深入的研究，所具有的历史价值、艺术价值与科学价值才能被揭示，明确主题、挑选藏品、设计展览与撰写解说词等过程都需要进行科学研究，可以说研究工作贯穿博物馆工作的全过程。随着时代的前进与社会的发展，博物馆作为全民共享的文化机构，其研究对象已不再局限于藏品本身，而是扩展到博物馆实践以及博物馆公众研究等方面。

博物馆研究是为了社会利用、展览和教育普及服务，只有达到较高的研究水准，才能保证博物馆各项工作的水平与服务的质量。许多著名的博物馆不只藏品丰富，同时也进行重要的学术研究，如美国史密森博物学院、大英博物馆、芝加哥艺术博物馆等。一些博物馆为了加强研究，还专门设有研究部门并主办学术刊物，如中国国家博物馆设有学术研究中心、故宫博物院设有故宫研究院、河南博物院设有研究部等。

（三）教育

教育作为博物馆的基本功能之一，是收藏与研究功能的延伸与扩展。博物馆对外开放后，观众走进博物馆，通过观看展览受到教育与启发。博物馆教育的对象为整个社会的全部成员，从儿童到老人，从一般群众到特殊人群，从国内观众到外国旅游者，从个人到团体，博物馆都对他们开放。因此，博物馆不只是学校的第二课堂，也是家庭教育与社会教育的第N个课堂，人们可以自由地出入各个陈列室，通过参观展览、参与博物馆的各项活动，汲取科学文化知识。

博物馆的教育方式生动形象，通过大量运用文物标本、模型等实物资料，作用于观众的感官，使观众感到亲切，易于接受和理解。此外，博物馆还通过讲解服务、公众讲座、出版物以及举办丰富多彩的文化活动等方式来加深观众对博物馆陈列的理解。

2007年，国际博协对博物馆的定义将"教育"调整至功能首位。2015年，我国《博物馆条例》正式颁布，借鉴了国际博协对博物馆的定义，亦将教育功能提升，虽然只是顺序的调整，但表明了博物馆学界对博物馆认知的提升与社会责任的强调。国家文物局近年在对博物馆的评审工作中，也已经将教育以及相关的比重提升，博物馆观众研究越来越得到重视，从以藏品为中心到以观众为中心，是博物馆发展的趋势和潮流。

（四）娱乐

随着博物馆的免费开放，博物馆已成为公众休闲娱乐的主要选择之一，博物馆与文化创意、旅游等产业相结合，参观博物馆也已成为旅游的重要日程之一，许多博物馆成为旅游热点。这是博物馆面临的机遇与挑战，一方面，博物馆的陈列设计要融入休闲娱乐的文化元素，使专业知识通俗化，向观众提供趣味性强的展览；另一方面，要增加这方面的项目设施，积极开办具有吸引力的各种欣赏娱乐活动。

而且，博物馆教育功能的实现，在很大程度上取决于观众自觉自愿的自发行为（自觉地走进博物馆）。据众多调查和研究结果表明，出于娱乐性动机和目的参观博物馆的观众在数量上远远多于以接受教育为动机和目的的观众，因此现代博物馆既要重视教育，也要关注观众的娱乐性需求，吸引观众，"寓教于乐"，使观众在接受教育的同时又能获得愉悦、新奇、惬意等娱乐性的享受。值得注意的是，博物馆并不是纯粹的娱乐机构，博物馆娱乐功能的发挥必须以博物馆的藏品为基础，以教育为最终目的。

第三节　博物馆的常见类型划分

一、博物馆分类概说

（一）博物馆分类的意义体现

随着博物馆事业的蓬勃发展，博物馆面貌日益多元，呈现出不同的特质。博物馆分类的意义也由此显现。所谓博物馆类型，即指由一定数量的博物馆依据某种共同的标准相互联系所形成的类别。

从宏观层面来看，博物馆分类有利于掌握各类博物馆特点，便于国家博物馆行政管理部门进行分类统筹与管理，也有助于更科学地制定发展规划，指导博物馆事业建设。

从实践层面来看，同类型博物馆在业务活动、工作方式等方面具有较高的一致性，博物馆的分类有利于有针对性地指导不同类型博物馆的工作，从而有效提升某类博物馆的业务水平，创造更大的社会价值。

从理论层面来看，对博物馆进行分类，便于更深刻地认识各类博物馆不同的发展规律，对博物馆学研究具有重要意义。

然而，划分博物馆类型的标准与角度随着博物馆实践发展逐渐改变。不同国家与地区的博物馆事业发展也呈现出差异性。因此，世界各国的博物馆也很难形成公认的统一的分类标准。

（二）中国博物馆的分类方法解析

国家文物局为加强博物馆行业管理，充分发挥博物馆的社会服务功能，促进博物馆事业发展，对中华人民共和国境内所有正式登记、注册并接受年检，具有文物、标本收藏保管、科学研究、陈列展览功能的，对外开放的各类博物馆进行定级。国家文物局组织设立的全国博物馆评估委员会在综合管理与基础设施、藏品管理与科学研究、陈列展览与社会服务等各方面进行综合评议，以打分方式确定博物馆等级。中国博物馆等级从高到低依次为一级、二级和三级。此外，博物馆定级评估由博物馆自主申报，由于未参评或参评而未获得等级的情况存在，因此还有一批"无级别"的博物馆。博物馆的定级评估，可以规范博物馆行业的管理，同时也对博物馆的发展以及竞争起到促进作用。博物馆的等级证书、标牌由国家文物局统一制作和颁发。博物馆等级一经评定，即向社会公布，接受公众监督，每3年进行一次运行评估，如果出现问题，博物馆存在被取消原有等级资格的可能。

2015年颁布并实施的《博物馆条例》，按所有制性质将博物馆分为国有博物馆和非国有博物馆两类。利用或者主要利用国有资产设立的博物馆为国有博物馆，利用或者主要利用非国有资产设立的博物馆为非国有博物馆。并规定，国家在博物馆的设立条件、提供社会服务、规范管理、专业技术职称评定、财税扶持政策等方面，公平对待国有和非国有博物馆。

《中国大百科全书（第二版）》认为，划分博物馆类型的主要依据是博物馆藏品、展出、教育活动的性质和特点，其次是它的经费来源和服务对象。书中又将博物馆划分为五种类型：①艺术博物馆，包括绘画、雕刻、装饰艺术、实用艺术和工业艺术博物馆，也有把古物、民俗和原始艺术的博物馆包括进去的，有些艺术馆还专门展示现代艺术；②历史博物馆，包括国家历史、文化历史的博物馆，在考古遗址、历史名胜或古战场修建起来的博物馆也属于这一类；③科学博物馆，包括自然历史博物馆，内容涉及天体、植物、动物、矿物、自然科学，实用科学和技术科学博物馆也属于这一类；④综合博物馆，主要是地志博物馆；⑤特殊博物馆，包括露天博物馆、生态博物馆、儿童博物馆、乡土博物馆，还有利用计算机和网络技术，模拟产生三维空间的虚拟博物馆等。

我国还存在着其他的博物馆分类方式。较为常见如按博物馆的隶属关系进行分类。据博物馆隶属的行政区级别，可分为国家级博物馆、省级博物馆、市级博物馆和县级博物馆等。还有按隶属行政系统进行分类的，如文化系统博物馆、教育系统博物馆、园林系统博物馆等。

下文中将根据近年来我国博物馆的发展状况与特点，重点介绍遗址博物馆、高校博物馆、非国有博物馆等几种越来越引起关注的博物馆。

二、遗址博物馆

（一）遗址博物馆的概念界定

早在20世纪50年代，中国文博领域就已出现"遗址博物馆"的称谓。1958年陕西省西安半坡博物馆是我国第一个以考古遗址为基体建立的博物馆。20世纪70年代兵马俑的发现和发掘，对中国遗址保护和遗址博物馆发展具有促进作用，而后建立的秦始皇兵马俑博物馆（现秦始皇帝陵博物院）成为全国乃至全世界的重要旅游地。进入80年代，遗址类博物馆进入发展的高峰期，各地遗址博物馆纷纷建立，同时，中国博物馆工作者也围绕遗址博物馆的相关问题进行研究，提出"遗址博物馆学"。

国际博物馆界对遗址博物馆的研究，一直落后于中国学术界。直至20世纪80年代，遗址博物馆在全世界范围内都缺乏可借鉴的先例，更没有规范性的定义。

1982年，国际博物馆协会对遗址博物馆进行定义，认为"遗址博物馆是以保护移动或不可移动的自然或文化的遗产为目的，建立在原址上，也就是在遗产被创造和发现的地点上的博物馆"。

1999年出版的《遗址博物馆学概论》认为应"在古文化遗址上建立针对该遗址文化进行发掘、保护、研究、陈列的专门性博物馆"。借鉴国外对遗址保护类建筑的定义，可定义为展示原址、原貌的博物馆，意为专以博物馆经营的现场保存展示的考古遗址，一般称为考古遗址博物馆。

综上所述，我们可以认为遗址博物馆是指依托考古遗址，以发掘、保护、研究、展示为主要功能的专题博物馆。由于考古遗址的空间是发生历史的地点，因此遗址博物馆具有其他博物馆所不具备的天然情境。

（二）遗址博物馆的建设理念与模式

遗址博物馆的建设必须在科学保护考古遗址的前提下，协调考古科研、遗址保护、社会展示，以及经济社会发展、居民生活改善等诸多方面的关系。因此，建设应具有整体规划性与循序渐进性。

1.遗址博物馆的建设理念解读

遗址博物馆建设，首先应当保护遗址本体及其周围环境。伴随考古遗址保护项目的推进，越来越多的遗址博物馆设计者更加关注考古遗址本体与环境的维护，而对博物馆建筑形式的表现保持克制。这种思路以保护考古遗址的真实性和完整性为前提，以对历史信息和背景环境的最小干扰为原则，重新理解遗址博物馆在选址建设、功能组织和表现形式等方面应该遵守的理念和规则。

坚持可移动文物与遗址本体在原生地进行就地保护的原则不是将文化遗产搬移到博物馆建筑里，而是将其保留在原生地和原生环境中。遗址和一般的可移动文物不一样，它是和人的生活相结合，和相应的地理、自然环境风貌的结合体。遗址出土的文物应该作为遗址的一部分就地建设博物馆，进行原址保护。遗址出土的文物一旦脱离了文物原生地，就形成不了独具特色的地域文化，保护也就失去了意义。联合国教科文组织曾在1965年将遗址保护工作从国际博协中分离出来，另组成国际古遗址理事会，将考古遗址的展示以露天遗址公园为主，而将考古遗址出土文物以易地建设博物馆展示为主。

2.遗址博物馆的选址及建设模式

博物馆作为公共性建筑，选址是建筑策划中极为重要的一环，馆址选择是否恰当，不仅关系着博物馆社会效益的发挥、藏品的安全保障以及未来的扩建发展，而且也关系着博物馆对城市环境的影响。一般博物馆的选址，通常具有多种可选择的空间，而遗址博物馆的选址截然不同。遗址博物馆具有选址的相对确定性，遗址博物馆选址不能脱离遗址而存在。一般而言，遗址博物馆的位置应该在遗址之上或遗址附近，远离遗址的遗址博物馆也就失去了建设的意义。遗址博物馆的最大、最明显的展示品就是遗址本身，而遗址的位置是固定不变的，同时遗址保护区范围内，可能还有未发掘或未发现的遗址痕迹。因此，遗址博物馆的选址，必须首先确定遗址保护区的范围，搞清楚保护区内遗址的功能与布局情况，再参考遗址的位置选取合适的位置作为博物馆所在地。

遗址博物馆应该与其他旅游文化娱乐设施邻近或联合，形成规模效应。当今博物馆的功能已向多元化方面发展，参观博物馆不仅是单纯的学习和欣赏，也是一种休闲和娱乐。在遗址博物馆规划建设时，应该充分考虑与其他旅游文化娱乐设施相组合形成规模效应，这样可以为博物馆提供更多的观众来源。如西安市临潼区的秦始皇帝陵博物院、华清池、唐华清宫御汤遗址博物馆相互邻近，处于同一条旅游线上，它们的联合形成一定规模，成为西安一日游的最佳选择之一。

根据遗址博物馆选址位置和建设方式的不同，可以分为以下四种基本模式。

第一，直接建在考古遗址上面的遗址博物馆，往往以建筑物覆盖考古遗址空间，以遗址现场为主要展品，同时达到考古遗址保护的目的。汉阳陵博物馆是对考古遗址发掘现场实现全封闭保护的地下展示建筑，成为兼顾考古遗址保护和博物馆建设的成功范例，被业界称为"汉阳陵模式"。而秦始皇帝陵博物院是以秦始皇兵马俑博物馆为基础，以秦始皇陵遗址公园为依托的一座大型遗址博物院，主要参观点包括秦兵马俑一号、二号、三号坑，铜车马陈列厅及相关临时陈列。同时，秦始皇帝陵博物院也是以秦始皇陵及其背景环境为主体，基于考古遗址本体及其环境的保护与展示，融合了教育、科研、游览、休闲等多项功能的公共文化空间。

第二，建在考古遗址保护范围内的遗址博物馆，往往以建筑物覆盖部分为重要的考古遗址，与保护范围内的其他考古地点形成整体性的考古遗址保护展示空间。安阳殷墟博物馆是在保护范围内建设考古遗址博物馆的成功范例。出于对考古遗址保护和考古遗址参观流线的综合考虑，殷墟博物馆选址在殷墟宫殿遗址与洹河河道之间，宫殿宗庙保护区东侧的考古遗址保护范围内。殷墟博物馆集中展示在殷墟发掘出土的文物精品，有效整合了国家和地方保管的文物资源，使大批出土文物回归原生地，得到妥善地保护与展示，解决了考古成果社会化、普及化的问题，这种互利双赢的做法被称为"安阳模式"。

第三，建在考古遗址建设控制范围内的遗址博物馆，往往将博物馆作为整个考古遗址的展示中心，展示考古发掘成果，并可以就近参观保护范围内的考古遗址。如杭州南宋官窑博物馆位于杭州玉皇山以南乌龟山西麓，地处西湖风景区南缘，著名的郊坛下南宋官窑遗址就坐落在馆区之中，是中国第一座依托古窑址建立的陶瓷专题博物馆。

第四，建在考古遗址附近的遗址博物馆，是将博物馆建在已经探明的考古遗址保护区以外，并与考古遗址密切相关区域，距离考古遗址不远，以展示考古遗址出土文物和相关信息为主。伴随考古遗址公园的建设，一批遗址博物馆相继落成，例如安阳殷墟遗址博物馆、金沙遗址博物馆、隋唐洛阳城定鼎门遗址博物馆等。这些遗址博物馆既对重要考古遗址或出土文物进行保护展示，又通过博物馆选址与建设强化考古遗址的主题。作为考古遗址上的增建内容，遗址博物馆在选址、功能、建造、展示和景观等方面，必须遵守反映真实性和可读性的原则，其中最直接的就是室外建筑形式，清晰的古今并置往往有利于准确传递文化信息。

三、高校博物馆

（一）高校博物馆的内涵及特点

高校博物馆作为博物馆行业的重要组成部分，是培育大学校园人文精神的特殊教育载体，在传承中华优秀传统文化、塑造大学精神方面扮演着至关重要的角色。

高校博物馆的最大特点就是其隶属于高校，其与主要隶属文化、文物部门的博物院、馆，美术馆，纪念馆，文物保护单位，以及部分自然保护单位，森林公园，动物园，植物园等既有广泛的共性，也存在着个性。作为博物馆系统中的一员，高校博物馆具备一般博物馆的全部功能，收藏大量珍贵文物藏品，具有比一般博物馆更强的研究能力，面向观众开放，在社会教育活动方面独树一帜。

（二）高校博物馆的功能

高校博物馆植根于大学的深厚土壤，是大学学术和文化积淀的重要标志。高校博物馆的社会功能，与一般博物馆基本相同，都是对文物展品的收集保存、研究、陈列展示，对公众进行宣传教育，传播精神文明。同时，高校博物馆除了具备一般博物馆的功能之外，作为学校的教育基地，更多的是侧重为高校的教学、科研和人才培养服务。它不仅具有公共博物馆的共性，即收藏、研究和教育，也具有自身的特殊性，即作为隶属于高校的个性，能更加有效地发挥其教育功能的优势。高校博物馆大多出自教学和科研的需要，对课堂教育有辅助功能，是文化素质教育基地。这是高校博物馆区别于其他博物馆的最有代表性的资源优势。

1.服务教学

作为学校教学基地，履行作为教学基层单位的职责，这是学校对所属博物馆的首要要求。剑桥大学历史博物馆馆长认为，高校博物馆是为大学服务的，博物馆应该庆幸其唯一性，而不是总是为此不停地作解释。博物馆可以娱乐中学生，但博物馆还有更重要的任务，那就是"为高等教育服务"。

高校博物馆在辅助教学工作中，力争做到形式多样、内容丰富。我国高校博物馆从建立之初就肩负辅助教学的使命，以开阔学生的视野为己任，积极主动与校园文化协调起来，转变工作观念，从对"物"的保管转移到为"人"的服务上来。利用博物馆完整系统的资源更进一步打造强势学科和深化专业教育，弥补空洞和抽象的课堂教学之不足，扩大学生的知识面并培养其兴趣和加深其理解，使学生在欣赏展品的过程中达到对其内涵层次的理解。博物馆也应成为师生创造实践的理想之地，可不时收藏和展出一些代表师生集体智慧与劳动结晶的作品，增强他们的自豪感并激发他们的创作热情。博物馆也是大学良好的科普教育场所，可将最新科技成果通过平台展示给广大学生，这也是生动的励志教育课。

2.服务科研

高校作为实施高等教育的场所，进行科研攻坚是其重要任务之一。高校博物馆的蓬勃发展为大学学术的建设和进步提供了必不可少的研究资源，18世纪初期到19世纪末期，自然科学领域发生的一系列革命性飞跃与当时高校博物馆的专业收藏和研究密不可分。瑞典博物学家林奈（Linnaeus）创立了现代植物学和动物学分类方法——"林奈氏分类系统"，其成果得益于在教学和研究中将实物收藏置于核心地位的科学研究方法。宾夕法尼亚大学博物馆因收藏古代美索不达米亚文明的艺术品而成为学术研究重镇，在西方博物馆界享有盛誉。

我国高校博物馆馆藏资源丰富且专业性强，是高校开展科研工作的重要资料来源。高校博物馆拥有的丰富馆藏为高校科研提供研究平台，对于促进高校科研进步发挥重要作用。例如，清华大学艺术博物馆，在近年高校博物馆的筹建、布展、学术讲座等各方面表现都相当突出，其中"竹简上的经典——清华简文献展""营造·中华——清华营建学科专题展"都基于本馆收藏，促进了相关学科的学术研究。

3.服务社会

高校博物馆除了以为学术研究和更广泛的领域提供文化服务为主要职责外，更要肩负起与公共博物馆相同的社会教育职责。高校博物馆的服务已经超越了大学围墙，渗透到周边乃至更广阔的社会中。高校博物馆不再局限于象牙塔中，它正逐步成为社区、城市、国家的文化承载者和传播者。

近年来，随着我国高等教育事业的发展，高校博物馆也取得了令人欣喜的发展成绩，不仅数量增加，博物馆专业化建设也迈上了新台阶。许多高校博物馆成为科普教育基地，很多高校博物馆对社会公众免费开放，高校博物馆的社会服务能力和社会影响力显著提升，高校博物馆集聚效应逐步凸显，文化服务能力不断增强。上海交通大学钱学森图书馆入选上海市爱国主义教育基地"三公里文化服务圈"，中国地质大学（武汉）逸夫博物馆、中南民族大学民族学博物馆等参与武汉"洪山博物馆街"建设，为周边学校、社区、企事业单位等提供优质文化终身教育。

四、非国有博物馆

（一）非国有博物馆的概念界定

从诞生到现在，非国有博物馆没有统一的身份界定。《博物馆条例》第二条指出："博物馆包括国有博物馆和非国有博物馆……利用或者主要利用非国有资产设立的博物馆为非国有博物馆。"

2017年，国家文物局发布《关于进一步推动非国有博物馆发展的意见》，对非国有博物馆的定义进行阐释："非国有博物馆是指以教育、研究和欣赏为目的，收藏、保护并向公众展示人类活动和自然环境的见证物，由社会力量利用或主要利用非国有文物、标本、资料等资产设立，经登记管理机关依法登记的非营利组织。"可见，非国有博物馆是与国有博物馆并列的博物馆形式，其主要特点是利用或主要利用非国有文物、标本、资料等资产设立。这类博物馆从投资主体看，不是由国家直接出资；从隶属关系上看，不属于文物系统。

非国有博物馆作为博物馆体系的重要成员，是对国有博物馆的补充，甚至填补了一些国有博物馆未进行深入研究的领域的空白。非国有博物馆是民间收藏的高级阶段，是城市文化底蕴的体现，无论是对于博物馆事业的发展，还是对于国家文化软实力、民族文化形象的提高都具有重要意义。

（二）非国有博物馆的类型与发展

近年来，中国大大小小的特色鲜明的非国有博物馆已经成为博物馆界重要的力量。在有的城市，国有博物馆与非国有博物馆甚至可以平分秋色。非国有博物馆，正在成为我们文化生活的重要组成部分。

1.非国有博物馆的设立主体

当前，非国有博物馆的体系构成相对比较单一。从举办主体来看，由个人力量投资兴办的非国有博物馆占总数的四分之三以上，而依托企业、机构和社会团体等力量兴办的非国有博物馆仅占少数。中国私人投资兴建博物馆主要出于以下几种情况。

一是文物收藏家建立私人博物馆。中国历来有收藏文物的传统，出于公益考虑，收藏家往往想把自己多年的收藏与更多人共享，并从收藏家"升级"为私人博物馆馆主。

二是企业办馆，希望树立形象等。企业博物馆是指为了自身历史的保存与传达设立的展览场所，借此提升员工对企业的归属意识并以身为其中一员而感到骄傲。多年来，成功的企业博物馆，如云南白药博物馆、中国茶叶博物馆、中国煤炭博物馆，不但传播企业文化，也为企业创收和博物馆良性循环提供了资金支持。经过多年的努力，中国的企业博物馆，其内涵与外延的结合都达到了历史新高度。

三是有雄厚资产的文化爱好者，围绕自己从事的行业和兴趣爱好来建博物馆，收集藏品，把开办私人博物馆看作是一种个人理想的实现。

值得注意的是，非国有博物馆是我国博物馆事业的重要组成部分，但时下也有部分热心人士存在一些认识上的误区，如把私人陈列室误当成非国有博物馆。国际博物馆协会章程明确规定，"博物馆"具有永久性、开放性、公益性，因此那些隐藏在私密场所偶尔对外开放的陈列室，或是以营利、增值等为目的的收藏展览或陈列，都不能与真正的非国有博物馆画等号。

2.非国有博物馆发展的特点

非国有博物馆具有高度的市场敏锐性。国有博物馆的藏品多来自考古、捐赠等渠道，而非国有博物馆则对民间文物市场和民间收藏走向十分了解，建立了与民间联系沟通的有效渠道与广泛途径，能掌握民间群众的文化收藏趋向。这种意义不仅是对国有博物馆的有益补充，更重要的是在对散落在民间的文博物品的搜集、整理、保护、研究等各个方面，始终显示着更加具有灵活性、执着性和带动性的示范力量。

非国有博物馆藏品丰富，种类繁多，是国有博物馆的有力补充。通过艺术品的市场化、大众化，使民间收藏文物艺术品有效填充文博部门收藏的空隙，可以防止文物艺术品外流，是保护我国历史文化遗产，弘扬民族优秀文化的有效途径。非国有博物馆已经成为抢救保护国家文化遗产，特别是收藏保存散存民间难以计数的传统物件的重要力量，如建川博物馆致力于对我国经济社会发展变迁物证的抢救性征集。2008年汶川大地震发生后，该馆奔赴灾区征集了上万件地震实物，其中包括"地震后第一只到达映秀的救援冲锋舟"等7件国家一级文物。非国有博物馆在藏品特色、社会关系以及藏品管理的灵活性等方面，也都有自己独到的优势，以自己独特的文化视角，时刻关照着那些尚未被官方机构和学科人员注意到的新领域，不断扩展我们对于文化的认识范围，为社会和专业人士不断提供新的文化研究素材。

非国有博物馆类型体系中，专题类博物馆比重最大。与国有博物馆以综合类、历史类博物馆为主体不同，非国有博物馆由于自身定位和发展的原因，专题类博物馆占有很大的比重。非国有博物馆多源于个人兴趣，因此藏品主题性更强，收藏的领域"窄而深"。一些非国有博物馆在收藏上也形成了自己的内容特色，从中医药、木石金雕、织锦刺绣、皮影、印染等民间非物质文化遗产，到钟表眼镜、锁具剪刀、农机农具、老相机、茶叶茶具、徽章证件、邮品货币等具有时代印记的日常生活用品，都可以成为非国有博物馆的收藏主题，填补了我国博物馆门类上的许多空白。非国有博物馆的类型涵盖了各地丰富的物产和多彩的民俗文化,以民众性、专题性在拓展我国博物馆门类、促进博物馆大众化、提供多样性文化服务等方面发挥着越来越大的作用。

第四节　博物馆的发展探微

当代博物馆服务社会的理念有了很大的提升。为满足社会公众不断产生的新需求,博物馆不断改变自己,更深地植入社会,由"以物为本"转向"以人为本"。新的博物馆类型逐渐产生,同时应用新兴科技、涉足环境保护与非物质文化遗产保护等领域,正成为博物馆自觉的行动。

一、博物馆的社会使命感逐渐上升

20世纪70年代以来,世界政治、经济、文化等各领域都发生了巨大变化,在环境保护运动、工业遗产保护热潮、社区建设等背景下,博物馆界深感对社会承担的责任日益重大,对博物馆服务社会有了更深的认识。在1974年国际博物馆协会第11届代表大会上,对博物馆定义作了修改,明确了博物馆的宗旨是"为社会和社会发展服务",标志着博物馆由自在服务于社会进入自觉服务于社会的阶段。

20世纪90年代,由全球大众旅游快速发展而带来的旅游业与文化遗产保护的矛盾日益激化,博物馆界自觉与旅游组织走到一起,谋求和谐发展的出路。在20世纪90年代召开的连续三届国际博物馆协会代表大会上,都讨论了"博物馆与旅游"的议题,并通过决议,号召建立文博事业与旅游业合作发展的和谐关系。2016年国际博物馆日的主题为"博物馆与文化景观",再次强调了博物馆与旅游业的关系,号召博物馆承担起维护文化景观的责任。许多博物馆的职责由对馆内的藏品保护扩展到对馆外周边环境的保护,表明了博物馆与旅游业合作的积极行动。

二、新型博物馆的出现

（一）生态博物馆

1971年，法国著名博物馆学家乔治·亨利·里维埃引入瑞典斯堪森露天博物馆的理念，把环境保护和生态保护结合起来，在法国创立了第一代生态博物馆——法国地区自然公园。1974年，著名博物馆学家雨果·戴瓦兰在法国东部的克勒索-蒙特索煤矿区建立了一座人与工业博物馆，并正式使用"生态博物馆"名称。克勒索曾是钢铁制造工业区，蒙特索是煤矿开采工业区，两者的结合使人与工业博物馆融合了工业文明与自然环境，进入自然与人文社会综合生态中，成为第二代生态博物馆的代表。在此后的20年中，全世界曾出现300多座生态博物馆，其中以法国和加拿大数量最多。各国生态博物馆的实践形式五花八门，其内涵与特性始终在不断地变化和发展。

生态博物馆作为一种新型博物馆，代表着一种新思维、新观念，与传统博物馆有很大的不同。国际博物馆协会编的《博物馆学关键概念》对生态博物馆的表述为：生态博物馆，是一个致力于社区发展的博物馆化的机构。它融合了对该社区所拥有的文化和自然遗产的保存、展现和诠释功能，并反映某特定区域内一种活态的和运转之中的（人文和自然）环境，同时从事与之相关的研究。

生态博物馆的出现在国际博物馆界掀起了一场博物馆革新运动。20世纪90年代后期，生态博物馆理念被引进中国。1998年10月，中国首座生态博物馆在贵州六枝梭戛苗族村寨诞生。该生态博物馆与分布在大山深处的少数民族聚居区和风景名胜区相结合，将自然遗产、物质文化遗产与非物质文化遗产完整地保护起来，赋予了生态博物馆实践新的内涵。21世纪以来，中国又在广西南丹、云南西双版纳、内蒙古达茂旗、浙江安吉、陕西汉中等地陆续建立一批新的生态博物馆，开辟了中国特色生态博物馆的新模式。

（二）社区博物馆

"社区"是社会学中的一个概念，目前学界对"社区"的定义存在较多分歧，因而也影响了社区博物馆概念的确定。2000年，我国《民政部关于在全国推进城市社区建设的意见》中明确指出，社区是指聚居在一定区域范围内的人们所组成的社会生活共同体。具体而言，目前城市社区指的是街道或下属的居委会辖区，农村地区指的是乡、镇、行政村或自然村。以此为据，在我国社区博物馆是以收藏、保存和展示与当地社区居民在感情上有千丝万缕联系的、反映该地区社会发展与自然环境变迁的历史见证物为手段的，提升社区居民素质，增加居民的认同感和归属感，推进社区经济和文化发展为目标的机构。

20世纪六七十年代，欧美国家普遍实施全面解决贫困问题战略，社区发展成为一个中心主题。美国博物馆界同社会其他各界一样，不仅关注社区的发展，同时也积极思考怎样将博物馆的人文关怀送到贫穷社区的弱势群体中。1966年，美国博物馆学家狄隆·利普里提出了直接参与社区发展的"社区博物馆"概念，并在华盛顿城郊的一个黑人居住区，利用一座旧仓库建立了社区博物馆。20世纪八九十年代，世界各国出现了大量的各种类型的社区博物馆，其中美国的社区博物馆数量较多。社区博物馆的主要功能是为社区居民提供一个学习的场所，以解决社区中的居住、失业、教育等社会问题。同时，恢复和保护因人口迁移业已丢失的共同的历史文化传统和集体记忆，增强社区居民对社区的归属感和认同感。

中国第一座社区博物馆——福州"三坊七巷"社区博物馆，是为了保护"三坊七巷"历史文化街区，延续福州老城区的文化价值和传统而建立的。社区博物馆关心当地的、当下的社区，着力解决人与社会（社区）之间的问题，代表社区居民的共同利益，是居民充分行使话语权、争取自身权益的平台。

（三）近现代工业遗产博物馆

近现代工业遗产是指世界工业革命以来的近现代工业文明遗存。工业遗产博物馆属于工业博物馆范畴。工业博物馆又可细分为"传统工业博物馆"与"遗址性工业遗产博物馆"两个子类。前者属于传统的科学技术与工业史类博物馆，后者则是20世纪后期兴起的遗址性工业遗产博物馆，以在工业旧址上保护和利用工业遗产为特色。20世纪七八十年代以后，发达国家在保护工业遗产中建立了许多遗址性工业博物馆。英国铁桥峡博物馆和德国鲁尔"关税同盟矿区"为代表的大型露天工业遗址博物馆的诞生，标志着遗址性工业遗产博物馆走向了发展的高峰，成为近现代工业遗产博物馆发展的主流。

遗址性工业遗产博物馆有"大遗址型"和"一般遗址型"两种。"大遗址型"工业博物馆既保存工业遗产中的建筑物、环境场所和工业设施等物质实体，又保存工业遗产所包含的文化和传统等精神内涵，通过对工业遗产地有形遗产和无形遗产的双重保护，记录并展示曾在人类文明进程中作出过杰出贡献的工业文化和历史信息。由于这类博物馆往往将工业遗迹连同其周边的生态环境一起保护，又可称为"工业生态博物馆"。在工业遗产的保护与再利用策略上，"大遗址型"工业博物馆一般采取整体性保护的措施，既保护了工业遗产，又修复了生态环境，使整个工业遗址成为工业遗产旅游景观区，因而在地理学界或旅游业界，往往又称其为"工业景观公园"。在大露天工业遗址博物馆内，还有一些利用旧工业建筑建成的博物馆，这种博物馆可以视为露天工业遗址博物馆中的"馆中馆"。

"一般遗址型"工业博物馆坐落于旧厂房或仓库等工业建筑遗产中，或由旧产业建筑改造而成，其馆藏品和展览一般都是原工业遗物和关于工业历史的内容。但也有一些工业遗址博物馆虽坐落于旧的工业历史建筑中，其馆藏品和展览内容却未必反映与该遗址直接相关的工业遗物，而是原址以外同行业甚至是其他行业的工业遗产。

还有两种与工业遗址有关的特殊形式博物馆。一种是"旧瓶装新酒"式，即将工业建筑遗产的实体保存下来，通过功能置换和空间重组改造成其他主题的博物馆。常见的是将旧工业建筑改造为艺术博物馆，由于其馆舍是旧工业建筑，又位于工业旧址上，馆址与馆舍都属于工业遗存范畴，因而也与工业遗址博物馆相似。另一种是企业博物馆式。出于反映本企业（或本行业）的历史发展、重大事件和著名人物，保护部分已淘汰的生产设备之需要，利用原厂房、车间建立博物馆。从工业遗产保护角度看，这种企业博物馆也可纳入工业遗址博物馆范畴。

三、博物馆中新兴科技的广泛应用

当今世界以信息技术为代表的新兴科技突飞猛进，不仅为传统产业注入了新的活力，也为博物馆发展带来了机遇。20世纪90年代，欧美发达国家首先开始了数字博物馆建设，将计算机多媒体技术应用于藏品管理、研究、展览和博物馆管理等方面，提出"存储数字化、传递网络化、管理电脑化、资源共享化"四个方面的目标。在这四个目标中藏品信息数据库建设是核心。各博物馆馆际藏品信息资源的共享必须以藏品信息数据库为基础，网络传递是信息资源共享的手段。在藏品管理信息系统基础上衍生出大量的其他应用，如虚拟博物馆，观众可以足不出户在任何时候浏览博物馆的展览。在陈列展示与观众服务中采用的各种多媒体技术，丰富了展示内容的表现手段，增强了展览的互动性，提高了观众的兴趣。

博物馆内部局域网的建立，可提高博物馆的管理效率。数字博物馆的建设给博物馆发展增添了动力。

随着互联网技术的发展，移动应用、社交媒体、众包、物联网、自然用户界面等一批新媒体技术的涌现，促使博物馆不再局限于传统的陈列和简单的互动，而是利用各种新兴媒体，鼓励公众与博物馆互动，共享博物馆的资源，使观众从传统的知识"接受者"（受教育者）转变成知识传播的"参与者"。在数字博物馆建设中，许多博物馆从藏品信息数据库的建设向博物馆展览与公众服务方面拓展。

值得注意的是，博物馆数字化并不是新兴科技在博物馆应用的终点。在信息技术革命的带动下，物联网、云计算、大数据和移动通信技术兴起与发展，一种以物、人、数据动态双向多元信息传递模式为核心的智慧博物馆成为新的趋势。智慧博物馆以多模态感知"数据"替代数字博物馆的集中式静态"采集"，并以此为基础，建立更加全面、深入和泛在的互联互通，使人与人、人与物、物与物之间形成系统化的协同工作方式，从而形成一个完整的博物馆智能生态系统。智能技术与数字技术结合的智慧博物馆建设，是博物馆建设在数字博物馆基础上的未来发展目标。

第二章 博物馆文物与文物保护综述

第一节 博物馆文物的定义与特点

一、博物馆文物的定义

中国拥有上下五千年的悠久历史，是世界闻名的文明古国之一。中华民族经历几千年的历史发展，积累了丰富的文明财富，也保留了不计其数的文化遗产。这些遗产在世界文明的传承与发展中发挥着重要的作用。中国的四大发明举世闻名，享誉中外。除此之外，我国还出现了一些其他的重大发明，比如木构古建筑的设计、瓷器的生产和加工以及丝绸的织造等。这些得以留存和传承的文化遗产从侧面印证了中国古代劳动人民的智慧，对于古代历史文化、科技文明以及艺术等方面的研究有着重要的价值。博物馆文物是不可复制的实物资料，也是整个国家和民族极其宝贵的财富遗产。博物馆文物反映着人类社会的发展历史，是毫无疑问的历史见证和历史证据。

文物是在人类社会历史发展过程中得以留存的具有一定文化和历史价值的东西，包括兵器、器具或建筑等各种形态的物体。

博物馆文物指的是博物馆收藏的社会历史发展中得以遗留的被掩盖在地下的遗物。博物馆文物的类型通常涉及以下几种：①和标志性历史事件或代表性人物相关的、拥有一定历史价值和文化价值的东西，可以是古代的建筑物，可以是某些地方的遗址，也可以是一些特殊的纪念物等；②拥有一定的历史价值、科研价值或艺术价值的古文化遗址，可以是古建筑，或者是古代的石刻等；③在不同社会发展时期出现的拥有宝贵价值的艺术品等；④与革命斗争相关的文献或图书，通常拥有宝贵的历史价值和艺术价值；⑤能够一定程度上映射出当时社会制度、生产方式或生活习惯的特殊实物等。

二、博物馆文物的特点

博物馆文物的本质是一种不可复制或不可再生的、具有文化价值的宝贵资源。也就是说，只要是博物馆文物就不可再生。我们需要对博物馆文物的特点进行综述与分析，从而了解博物馆文物蕴含的文化价值和文化内涵。这一研究课题对于博物馆文物的管理和保护有着至关重要的意义，应得到社会各界的关注。

总的来说，博物馆文物有着复杂的特性，既具有一定的物质性，也存在一定的时代性，还有着强烈的不可再生性、不可替代性和客观性等特点。

（一）博物馆文物的物质（资源）性

博物馆文物的本质是一种承载历史文化的物体，有着具象化的形态。博物馆文物从侧面反映出人类历史发展的过程，拥有丰富的内涵和要义。在历史发展中遗留下来的物质遗产，是古代劳动人民利用自己的智慧、通过自己的劳动而创造的产物。博物馆文物可以是青铜器、玉石器，也可以是金银器，都有着特定的物质形态。只要被纳入博物馆文物的范畴，那么这些物质遗产就具备了特定的形态。古代劳动人民在制作或加工博物馆文物时，会根据实际用途和作用来设计博物馆文物的外部形态。也就是说，博物馆文物的最终形态取决于那个时期的社会发展水平，还和当时的行政、文化以及艺术发展情况有关。

（二）博物馆文物的时代性

博物馆文物往往呈现出鲜明的时代特征。在社会发展的不同时期，当时的劳动人民会结合实际需要和生活需求，利用先进的工艺技术，采用所掌握的物质材料来创造出一些物品或器具，这些东西伴随历史的发展得以留存至今，就成了今天的博物馆文物。不同历史发展时期中形成的遗迹或遗物等都具备鲜明的时代特点。我们可以从中探寻那个时期的社会发展踪迹，包含行政、文化或经济等信息要素。只要是博物馆文物，就必然具有特殊的时代特点。我们能够根据博物馆文物的时代特点来推测出博物馆文物出现的时代背景和当时的真实用途。不同的遗迹或遗物在文化和历史价值方面有着明显的差别，但都能够从某个角度来映射出那个时期的社会发展概况。因此，博物馆文物可作为历史研究的重要依据。

（三）博物馆文物的不可再生性

博物馆文物都具有鲜明的时代特点，这也导致了博物馆文物无法被复制。博物馆文物在所处的时代中都有着特定的功能和作用，不会因后人的意志而发生变化。虽然利用现代工艺和技术能够对博物馆文物进行复原，但想要完全替代是不可能的。哪怕复制品和原物相比在外观、色彩或纹饰上几乎看不到差别，但其与博物馆文物自身内在的历史价值和人文信息却有着天壤之别。博物馆文物的功能和价值来自博物馆文物蕴含的文化内涵，即便是略微的改动，也会对博物馆文物的文化内涵造成显著的影响，导致博物馆文物的永久存续价值逐渐丧失。

历史遗存与仿古建筑相比有着独特的不可再生性，只要是重建或新建的仿古建筑都应排除在历史建筑的范畴以外。欧洲拥有悠久的历史文化，至今保留着大量的原始古建筑。这些建筑展现出那个时期的社会历史发展面貌，拥有重要的科研价值和考古价值。国内相关法律法规中指出，一旦具有纪念性价值和意义的建筑物或古建筑被损毁或破坏，就不能再重新修建。

（四）博物馆文物的不可替代性

博物馆文物的时代性和不可再生性导致了博物馆文物的不可替代性，后者是前者在逻辑上的延伸与发展。博物馆文物是与历史密切相关的文化遗产，反映出当时的时代特征。博物馆文物处于其出现的时代中往往有着特定的历史地位和实际作用，可以帮助我们了解当时的社会文化和历史。

博物馆文物中蕴含的历史内涵与信息指的是当时的社会发展状况。也就是说，博物馆文物是历史发展不可替代的实物见证。一旦有一件博物馆文物被毁坏，那么我们就永远失去了一件可以见证历史的象征物，磨灭了一个特殊的历史符号。

（五）博物馆文物的个体差异性

博物馆文物既具有一定的不可再生性，也存在一定的不可替代性，还表现出显著的多样性和时代性等其他特点。在保护博物馆文物的过程中，工作人员需秉承审慎的基本原则，根据博物馆文物的差异来设计适合的技术方案。此外，在相同地点出土的类型和性质一样的博物馆文物，也要通过观察和检测来确定其保存情况和损坏程度。不同博物馆文物个体之间存在显著的差异性。之所以会造成这种现象，主要是因为古代的技术工艺、器具的制作方式和社会环境等都有一定的区别。我们需要根据博物馆文物的保存情况和损坏程度来选择对应的保护手段，并制订针对性的保护方案。

（六）博物馆文物价值的客观性

博物馆文物指的是历史发展过程中遗留的文化遗产，既具有重要的历史价值也存在一定的科学价值，且有着多元的文化内涵。博物馆文物在一定程度上反映着古代劳动人民的智慧和能力，是社会发展和进步的象征。博物馆文物的价值体现在两个方面：一方面是有形的价值；另一方面是无形的价值。

博物馆文物的价值有着较强的客观性，但在表达方式上却呈现出一定的主观性。我们对博物馆文物价值的认知和理解并非一成不变，会伴随技术的进步和思想的改变而发生变化。博物馆文物价值的评价与衡量取决于当前的技术水平。由此可见，我们对博物馆文物内涵的研究与探索并非一朝一夕可以完成的任务，需要花费大量的时间和精力。在科技进步的背景下，我们可以选择的博物馆文物保护技术手段也趋于多样化，我们对博物馆文物价值的认知和理解也逐渐加深。这些对于今后的研究和探索有着重要的参考价值。

（七）博物馆文物作用的永续性

博物馆文物是历史物质文化的传承与遗存，可作为研究历史发展的实物史料。博物馆文物是历史发展与社会进步的见证，承载了丰富且深厚的历史文化；博物馆文物可作为校正古籍中谬误的依据，起到订正史传的作用。博物馆文物对于历史的研究与探索有着重要的意义，是不可复制的实物史料，有着不可替代的价值。

人类社会的进步与发展离不开对历史的借鉴。博物馆文物是不可再生的实物教材，承载着丰富的历史文化。博物馆文物作为一种见证历史发展的遗产，有着非常权威的说服力和感染力，非寻常教育手段可替代。[①]由此可见，博物馆文物在人类历史发展的研究与探索中发挥着重要的永续作用，影响着一个国家或民族对以往历史的认知。

---

① 李敏，刘华政.文物古迹与《中国旅游地理》课程建设刍议 [J].广西教育学院学报，2004（4）：28、31.

第二节 博物馆文物保护的概念、理念与原则

一、博物馆文物保护的概念

博物馆文物保护是为保存历史博物馆文物的实物以及历史环境进行的所有活动。博物馆文物保护的目的就是为了更加真实和全面地延续历史的相关信息，保存博物馆文物全部的历史价值。保护博物馆文物是人人都应尽的责任和义务。博物馆文物本身是一个固定性质的产物，它的价值与它所处的历史环境和地理位置有着紧密的关系，一旦对其移动就很容易造成损坏，导致部分或者是全部的价值丧失。博物馆文物的保护就是对其整体性和真实性的保护，而且连同其周边的历史遗址也要一起保护。保护博物馆文物不是一个人或者是一代人的事情，而是我们人类子子孙孙的大事。博物馆文物保护的主要任务就是对于自然的或者是人为造成的损坏进行修缮，阻止新的破坏产生。对于自然力所造成的损失，我们只能对其进行修补和采取一系列的预防措施；然而对于一些人为的损坏，我们可以采取相应的法律手段对其加以防范或者制止。

二、博物馆文物保护的理念

博物馆文物历经人类文明的历史长河，见证沧海桑田，穿越时代时空，作为物质文化和精神文化的沧海遗珠，具有文化、历史、艺术、经济、科学价值等特性。时移世易，具有不可再生性的博物馆文物尤其是可移动博物馆文物无法规避地要受自然力或人为力的损毁或破坏，不合时宜甚至是错误的博物馆文物保护理念，在很大程度上对博物馆文物造成难以估量、不可逆转的损伤和侵害。改善博物馆文物的保存状态、完善博物馆文物的保护过程、延长博物馆文物的保存年限，是博物馆文物保护者和工作者的终极目标，这也使得博物馆文物所载有的可供研究的历史、文化、艺术等信息与价值能够万古长存[①]。

---

① 蒋鑫.论"修旧如旧"在书画修复中的应用[D].南京：南京艺术学院，2019：27-28.

（一）影响博物馆文物保护的因素

受现代博物馆文物保护理念的影响，考古发掘更加关注事中和事后对遗迹或博物馆文物的保护。就博物馆文物保护技术而言，"修旧如旧"抑或是"修旧如新"一直是学术界争论的焦点。笔者认可对于不同价值、不同类型、不同侧重的博物馆文物应当具体问题具体分析，寻求不同的保护方式[①]。

1.博物馆文物价值的不同侧重

依托博物馆文物所侧重和展示的科学价值、艺术价值及商业价值的比例，一一对应考古保护、展览保护和商品保护三种不同的博物馆文物保护技术。同时考虑博物馆文物本身的科学性与艺术性、个人和市场的需求性与商业性。普遍认为博物馆文物保护既要展示其本身固有存在价值、内涵特殊意义、地域文化特色，又能达成对公众需求的呼应，既要保持真实性和保护性，又能将创新和复古完美融合[②]。

2.博物馆文物具有不同的类型

博物馆文物尤其是可移动博物馆文物分为陶器、石器、玉器、漆器等纷繁复杂的不同质地，且鉴于博物馆文物形制大小、数量多少、价值程度的不同，处理的技术和手法也不尽相同，以期明晰博物馆文物的纹饰、装饰、制作工艺、出土背景等，同时为博物馆文物保留历史的神秘感。博物馆文物的保护没有绝对"一刀切"的划分标准，应依博物馆文物实际情况进行合理判断和技术使用。

3.出土博物馆文物的不同破损程度

受埋藏环境、埋藏时间等因素影响，博物馆文物尤其是可移动博物馆文物难免产生变形、破碎等破坏性损伤，应及时采取合适技术和措施展开抢救和保护。值得关注的是，要注意保留博物馆文物身上历史的印记。另外，博物馆文物信息的一定程度损失是任何博物馆文物保护技术所无法避免的诟病[③]。

---

① 李玮.文物修复理论与文化遗产价值体系思考 [J].遗产与保护研究，2018，3（11）：39-41.35-36.

② 齐佳佳.基于现代数字技术的书画文物修复与保护研究 [J].文物鉴定与鉴赏，2019（1）：106-107.

③ 吕国瑞.中国书画文物装裱修复的转变与实践研究 [J].文物鉴定与鉴赏，2019（9）：80-81.

（二）博物馆文物保护理念在博物馆文物保护技术中的科学运用

1.正确处理传统与现代的对立统一关系

保护工作者和相关学者应当与时俱进，总结、升华传统保护理念及其支撑下的保护技术。纵观我国博物馆文物保护技术发展长河，理论知识欠缺的传统手艺人充当先行者，最先从事博物馆文物特别是可移动博物馆文物保护的事业，第二代保护者半路出家，缺乏全面的科学文保理论和认知，难以接受和认可现代保护理念。老匠人坚持认为最小干预原则和可识别性原则完全不可取，"天衣无缝"才是保护水平的绝佳体现。现阶段关键在于借由引进高科技仪器、增加同行间交流学习等路径，推动现代保护理念的普及[①]。

2.保护工作中对技术进行改善研究和实际运用

受科研技术提高、民众意识升级的影响，博物馆文物保护行业逐渐形成"传统+现代"的保护理念，且借助高科技仪器使博物馆文物保护更加理想化、科学化、原真化。在推广多学科交叉作业的大背景下，化学、生物学等专业人员投入博物馆文物保护工作行列，如何使新设备、新思路在保护工作和技术中得到体现，是目前的关键所在。例如，纸质书画博物馆文物保护中的生物酶揭裱技术，受诸多因素限制和阻碍，无法实际践行"修旧如旧"理念在现代理解下的尝试。对于博物馆文物保护中留存的"痼疾"，应切实结合老一辈匠人手艺和现代技术，实现新的质的突破及飞跃[②]。

3.博物馆文物保护理念及技术的科学发展

博物馆文物保护工作者和科研者需比较、学习中西方、古现代的保护理念，对博物馆文物保护技术进行全新的阐释，既满足民众需求心态，又赋予历史价值、商业价值、艺术价值。例如，将尊重博物馆文物的原真性原则充分杂糅于中国传统书画保护的洗、揭、补、全四个步骤（技术），并依托出土博物馆文物情况和保护效果选取适当技术。例如，清洗技术是进行复原性保护还是现状性保护，可转化思维并尽力采用物理方法将古色保留、污色去除。又如，全色技术可借鉴西方后退原则（配补、全色接近原心又略有区别），即可远观又可近赏。

---

① 沈宏敏，李玮.嬗变与思考——兼谈中、西方文物保护修复理念、方法论 [J].博物馆研究，2016（1）：79-83.

② 李自典.引入口述史：文物保护与修复技艺传承路径的新探索 [N].中国文物报，2018-02-02（003）.

综上所述，以博物馆文物保护、延长寿命为出发点的古今博物馆文物保护理念，指导博物馆文物保护技术以实现其历史价值、艺术价值、商业价值和保护效果。

我们应当理性和科学地分析古现代保护理念的异同点，并将之灵活运用于选择博物馆文物保护技术，并利用高科技依实际现状进行虚拟或是本体保护，供从业人员参考与借鉴，力求形成一套符合国情的保护理念和技术体系。

三、博物馆文物保护的原则

（一）最小干预原则

在博物馆文物保护发展的历史中，由于人们对博物馆文物保护目标和意义的理解不尽相同，公众总想知道"残破的博物馆文物本来是什么样的"。而保护专家则考虑的是尽可能让观众看到的都是真实的。出于这两方面的原因，博物馆文物保护发展史上曾出现多种修复观点，如卡诺瓦"极少主义"与托瓦尔森"完形"理念、杜克"风格式修复"与拉斯金"反修复"，以及其后里格尔的"折中主义修复"理念、以博伊托为代表的"文献性修复"、以贝尔特拉米为代表的"历史性修复"、以乔瓦诺尼为代表的"科学性修复"、以布兰迪为代表的"鉴定性修复"。通过对上述保护修复思想的总结，形成了若干博物馆文物保护原则，最小干预原则就是其中之一。随着人们对历史真实性的重视，博物馆文物保护工作理念也从受个人风格品位影响转变为以客观事实为依据，在此基础之上，人们开始反思博物馆文物干预程度并逐步确立了"最小干预"这一原则。

1.最小干预原则的概念

"最小于预原则"（minimum intervention）是指在保证博物馆文物安全的基本前提下，通过最低程度的介入来最大限度地维系博物馆文物的原本面貌，保留博物馆文物的历史、文化价值，以实现延续现状、降低保护性破坏的目标。从本质上来说，最小干预原则强调的是最大限度地维护博物馆文物的真实性，即通过最低程度的介入来最大限度地保留博物馆文物的历史信息和维系博物馆文物的原本面貌，使博物馆文物的历史痕迹真实准确地留存下来。

2.最小干预原则的内涵

我们对于博物馆文物保护的认识是一个不断深化的过程，从对博物馆文物本身艺术及历史价值的认可到思考如何最大限度地保留博物馆文物信息，艺术、哲学思想都对当今博物馆文物保护原则的形成有着不可小视的推动作用。也正是因为保护措施不当会对博物馆文物产生不可逆的损害，在博物馆文物保护中实现最小干预才显得尤为重要。

博物馆文物在长期的埋藏过程中与周围环境产生直接或者间接的联系，博物馆文物实体的平衡状态因此遭到破坏。虽然博物馆文物在过去某个时空中的状态是不可知的，但博物馆文物所发生的变化是各方面因素共同作用的必然结果。因此博物馆文物的老化并不是绝对的偶然现象，而是相对必然的客观结果。在特定条件下博物馆文物的老化仍有规律可循，这就为博物馆文物保护行为提供了理论依据。

一般来说，我们通过统一的标准来对行为结果进行评价，但当评价对象复杂多样、存在条件和目的不尽相同时，往往难以对其实施统一的评价。不同的博物馆文物保护对象，所用的材料不同，所采取的保护措施不同，处于自然环境之中的博物馆文物与恒温恒湿条件下的馆藏博物馆文物的保存要求也不完全相同；又加之科学技术的进步也会促使新的保护技术的出现，这些不确定性因素致使适用最小干预这一原则时不能一概而论。因此，最小干预原则具有相对性，应按照特定的时间、空间及保护对象和保护目标具体而论。适用最小干预原则并不代表片面地追求最低程度的保护，甚至使用不采取任何保护措施的极端方式，这种机械化的保护理念显然并不有利于博物馆文物的长久保存。最小干预原则，即以实现保护博物馆文物安全这一目标为前提，在博物馆文物受损且须对博物馆文物本体进行必要干预的前提下尽可能最小幅度地干预。

（二）可再处理原则

可再处理原则，又称可持续性保护原则，是可逆性（reversible）原则的改进版。可逆性原则指修复中所实施的处理方法都可以通过可逆措施去除，使博物馆文物恢复到保护修复前的状态。但是这个原则已经被可再处理原则代替。

博物馆文物的技术保护是一个技术实施过程，这其中包括在博物馆文物上施加新材料，如在壁画上喷涂保护剂、在石刻上喷涂防风化材料、有机质地博物馆文物的防霉防虫处理和饱水漆木器的脱水加固等，或者改变博物馆文物的现有环境。无论采用哪一种方式，博物馆文物作为一个系统，必然与外界发生物质和能量的交换，依照热力学的定义，一个系统若与外界发生物质或能量的交换，必定会引起体系熵的改变，因而这一过程是不可逆的。因此，有必要澄清在博物馆文物保护中经常提及的可逆性问题，否则教条地搬用可逆性原则，势必会否定所有的先进方法，致使无法对博物馆文物进行保护。上述情况已有发生，特别是国外的一些博物馆文物保护工作者，一味强调可逆性原则，反对在博物馆文物上使用新的保护材料，认为改善博物馆文物的保存环境才是最好的保护方法。对于现存的质地较好的博物馆文物，改善环境条件也许是一种比较好的选择；而对那些质地十分脆弱且已无法陈列展出的博物馆文物而言，拒绝使用保护材料进行抢救性技术保护极有可能使博物馆文物的基本物质形态、人文信息遗迹全都丢失，荡然无存。

从科学的角度来看，博物馆文物保护技术处理过程的可逆性是不可能实现的，可逆过程只是理论上的理想过程，现实中是不存在的。在实际操作过程中，建议用可再处理原则替代可逆性原则，可再处理原则强调的是每一次的保护处理不应对下一次的再处理造成妨碍。举例来说，对于石质博物馆文物的防风化处理，假设所使用的防风化材料能够用溶剂或其他方法去除，或其分解后的产物与石刻博物馆文物的质地相近，则可以认为这种保护方法较好地符合了可再处理原则。

总之，可逆性与可再处理性，犹如理想与现实，理想永远是一种追求，而现实则是客观存在，现实问题才是我们必须面对和解决的首要问题。

（三）可识别原则

可识别原则（distinguishable），又称可辨识原则，指博物馆文物在修复过程中，添加的残破或缺失部分要与博物馆文物原有的部分在整体外观上保持和谐统一，但又要和原有部分有所区分。应做到既可以让观者从外观上辨别"真"与"假"，又不会出现以假乱真的现象。

博物馆文物修复可识别原则的应用主要有以下几个方面。

1. "六英尺六英寸"准则

"六英尺六英寸"准则是目前西方较为主流的易识别标准，即在约1.8 m（六英尺）的距离内看不出修复痕迹，但在约15 cm（约六英寸）的距离内应能够辨识修复痕迹。

2."内外有别"法

"内外有别"法是中国传统修复理念与西方现代修复理念融合的结果，即将博物馆文物展示的一面做到与周边颜色浑然一体，看不出破绽；在观众看不到的内侧部位则不做旧，使其从内侧很容易观察到修复部位。现阶段关于青铜修复，国内主要采取"内外有别"的可识别修复方法，做色时，将博物馆文物对外展示的一面做到与周边的颜色浑然一体；而观众不易观察到的内侧部位通常不做色或大体做上颜色，以显示修复部位。"内外有别"法虽然具有实用性，但因观众欣赏角度不同，在未经提示的状况下仍存在混淆观察效果的隐患。

3.刻画记录法（或称影线法）

刻画记录法即通过在博物馆文物修复后的部位上留下可用肉眼清楚辨认的刻画标识，便于判断该博物馆文物是否经过修复以及修复的具体位置。例如，在博物馆文物建筑的修复过程中，在维修时新加入的构件上标注时间和厂名等文字以体现可识别性，或对有历史依据的部分进行补全时，要根据情况使用轮廓线来界定修复区域。这种可识别的处理方法最为直接和明确，不易产生歧义和误读，可以有效避免日后修复发生判断错误的情况。

4.修复表面与原存表面区别法

修复表面与原存表面区别法即通过使修复后的部位与博物馆文物实体原表面的颜色、凹凸程度等有所区别来进行辨识。在实际修复中，西方主要采用"补底原面"的方法，即缺失部分作为感知作品的"底"，略低于原部件，不干扰原部件的"面"。此外，补缺部分的填色也与原件有一定差异。这样，缺失部分造成的干扰不仅被减小了，还体现了博物馆文物的物质真实。

5.修复材料荧光标记法

修复材料荧光剂标记法即在修复材料中添加荧光剂，采用含有荧光剂的保护修复材料修复博物馆文物，待修复工作完成后，修复部位自然带有了荧光标记。在日光和一般室内灯光的照射下，修复部位荧光标记不会显现，但当用紫外光源照射时，修复部位的荧光就会清晰展现，使观众或研究人员能够知道博物馆文物实体哪些地方经过修复，满足可识别原则要求。

（四）风险管理原则分析

文化遗产是文化传承的纽带和人类文明的瑰宝，然而很多珍贵的文化遗产却因遭受自然或人为因素的破坏，正面临损毁和坍塌的风险。因此，在文化遗产的保护方案设计和技术实施过程中应强调"风险管理"是刻不容缓的。所谓风险管理，是指管理人员采取各种措施和方法，减少或消除风险事件发生的各种可能性，或者减少风险事件造成的损失。在文化遗产保护中，风险管理原则有三层含义：一是在博物馆文物未受到损害前采取预防性保护措施，避免博物馆文物受到损害；二是对于已经受损或正在受损的博物馆文物及时采取有效措施，终止破坏的继续发生，尽可能保留博物馆文物的最大价值；三是对人身安全、财产、环境等进行风险管理，避免或减少损失的发生。

一般来说，文化遗产保护中的风险管理主要涉及三个方面：有哪些风险？如何划分风险等级？该采取什么措施处置风险？这些问题恰好对应了风险管理中的三个基本环节，即风险识别、风险评估、风险处置。风险识别是指风险管理人员运用专业的知识和方法，系统判断可能对博物馆文物、环境、人员、财产等造成威胁的因素，一般是通过现场调查和专家咨询等方式制作风险清单。发现风险源是风险识别的核心，风险源通常包括灾害、环境、生物和人类行为等。在对风险进行识别和分类后，接下来要做的工作就是风险评估。风险管理人员需要在风险识别的基础上，通过判断损害的可能性及损害的严重程度来分析和量化风险程度。而风险评估的关键是风险等级的确定，如将风险发生的可能性和损害程度按一定标准进行划分，就可以得出相应的风险等级。需要注意的是，由于风险本身具有发展性，风险的可能性以及损失程度都可能随时间和空间的变化而改变，因此要将风险评估看作是一个动态的过程，科学、系统地对风险进行监测。

风险处置是风险管理的最后一环，就是根据风险评估的方案制定合适的对策，消除、减少事故发生的可能性，或降低风险造成的损失。对于风险较低的（即风险在可承受范围内）可选择承受风险，以保持现状为主，辅以少量保护措施。例如，对于石质等无机质博物馆文物，光线对其产生的影响不大，那么在选择光源时就可以适当降低要求。对于中等风险的，建议采取损失控制措施，即通过计划和采取措施降低损失的可能性或者是减少实际损失，控制阶段包括事前、事中和事后三个阶段。以彩陶加固为例，在加固前应进行斑点试验，检验加固剂是否符合要求；在加固过程中如果出现加固强度不够、彩绘脱落的情况应及时调整加固剂浓度；在加固后若出现表面成膜的现象，应用水或酒精等溶液擦拭表面，观察眩光是否消失，尽可能保证在损伤最小化的前提下，恢复博物馆文物原貌。

对于风险较高的，可以考虑采取损失控制措施或进行风险转移，通过合同及保险的方式转移风险。这种方案可用于博物馆文物运输或外展活动，博物馆作为委托方与受托方签订协议，由受托方保证博物馆文物的安全，承担博物馆文物被盗窃或破损事件中产生的经济损失。对于高风险事件，原则上应选择风险回避，但在实际工作中，有些高风险事件无法回避，如配合基建的抢救性发掘，那么管理人员应有意识地通过降低风险等级来进行损失控制。例如，可以提前做好抢救性发掘预案，减少风险源，降低风险发生的可能性；或采取科学、有效的保护措施，降低风险发生时的损失程度。

值得注意的是，文化遗产保护中的风险管理不仅限于博物馆文物本体，也包括博物馆文物周围的环境、财产和人身安全。因此，风险管理者在进行风险管理时应系统、全面地考察任何可能出现的风险源，并进行科学评估，做好危险防范和应急处理。例如，要考虑到景区所能承载的客流量，避免因交通拥堵或游客拥挤引起踩踏事件；遇到突发的紧急事件，如火灾、爆炸等，在对文化遗产进行抢救的同时，也要在第一时间做好人员的疏散和财产的转移。

事实上，风险管理涉及文化遗产保护中的各个环节，涵盖了从现场保护到室内保护，再到博物馆典藏的整个过程，在文化遗产保护中具有十分重要的意义。风险管理作为博物馆文物保护原则被提出，主要基于以下几点。

1.广泛的适用性

风险管理涉及文化遗产保护领域中的方方面面，广泛适用于不同种类、不同质地的博物馆文物，无论是对于博物馆文物的预防性保护还是抢救性保护都具有重要的指导作用。

2.与时俱进的思想

风险管理原则的提出为博物馆文物保护理念的发展提供了一种新的视角和思路，它与以往的保护理念有所不同，如"可识别性原则""最小干预原则"，将保护的重心由博物馆文物本体扩展到博物馆文物赋存环境、人身安全和财产安全。

3.紧密的联系性

该理念的提出还将博物馆文物保护中的各个环节有机地结合起来，从勘探、发掘到保护、陈列，有力地加强了各个系统、各个部门之间的合作。目前，风险管理原则正在逐步推广到博物馆文物保护的具体工作中，且在一些文化遗产地的风险管理中已初见成效。由于我国的博物馆文物风险管理尚处于摸索和发展阶段，风险识别工作中仍然存在许多障碍，风险评估过程对评估人员经验的依赖较强，因此该原则的细化及量化还需要博物馆文物保护工作者共同推动。

第三节　博物馆文物保护的技术手段

博物馆文物保护是博物馆文物价值和功能利用的前提和基础。工作人员在保护博物馆文物的过程中，需要做好博物馆文物的检测与分析。随着现代科学技术的快速发展，博物馆文物的分析和检测手段均趋于多样化。在这一背景下，以无损或微损分析技术为代表的检测和分析手段在文化遗产保护领域得到了广泛的应用。

一、表面分析技术

表面分析技术可概述为通过电子、光子等和固体表面之间产生的相互作用，来对固体表面散射或发射的粒子的各种图像信息进行分析的技术。我们运用这种技术可以了解表面的组成成分，获得表面的电子态变化规律，分析表面发生的物理和化学反应过程。涉及博物馆文物保护的表面分析技术有很多类型，比如基于光学显微镜的表面分析技术、基于电子探针显微镜的表面分析技术、基于透射电子显微镜的表面分析技术以及基于扫描电镜的表面分析技术等。这些技术手段目前在博物馆文物保护领域先后得到有效的应用，是非常重要的研究方法。电子探针显微镜分析法可基于电子束对固体样品的表面结构进行冲击，然后结合微区内释放的X射线的波长来探究其组成元素，在博物馆文物化学成分组成结构的分析领域应用普遍；光学显微镜分析法通常适用于对博物馆文物外观形状或损耗程度的检测与分析；扫描电镜分析法主要借助扫描线圈来获取试样表面分布的电子束，通过信号采集来改变显像管的亮度强弱，然后生成清晰的图像。该方法能够准确识别博物馆文物表面的形状和结构特征，对于损坏博物馆文物的断口表面的观察与测试有重要的作用。

二、内部结构分析技术

目前应用广泛的内部结构分析技术有多种类型，最具代表性的包括超声波无损探伤技术、X射线照相技术以及核磁共振技术等。其中，超声波无损探伤技术的机制和原理近似声波CT技术，两者都通过声波传播和信号采集来生成影像，方便工作人员清楚地观察到博物馆文物的内部缺陷，适用于大型博物馆文物的检测和分析。X射线照相技术主要通过发射X射线来在胶片上显示清晰的影像，便于我们清楚地观察博物馆文物的内部结构。这种技术和方法在分析青铜器、木器等博物馆文物的结构方面比较常见。地面核磁共振法可结合氢核的核磁共振特性区别来对地下水中的物体进行探查。该技术目前在地下水位置探测、考古研究等领域发挥着重要的作用。电子衍射技术可结合运动状态下电子束的波动性特征来识别博物馆文物内在的微区晶体结构，并展示出博物馆文物的物相。

三、元素分析技术

常见的元素分析技术有很多种类型，比如原子吸收光谱法、X射线荧光光谱法以及中子活化分析法等。该技术可借助设备仪器来检测博物馆文物的化学成分，然后结合博物馆文物的出土地、材料以及病害等推测出其工艺手法和年代。其中原子吸收光谱法可借助基态自有原子来吸收辐射，然后根据待测元素的浓度来对元素的含量进行检测。40X射线荧光光谱法须借助基态原子来吸收辐射，通过光辐射来发射荧光，然后根据荧光谱线的波长来推导出物质中所包含元素的种类，并计算出不同元素在物质中的含量。中子活化分析法可描述为一种利用中子来分析物质成分的方法，基于元素所释放的γ射线来推导出物质中所包含元素的种类。该方法具有较高的自动化水平，且相对更加灵活，可实现相同样品中不同元素的测定。

四、成分分析技术

当前常用的成分分析技术有很多种类型，比如红外吸收光谱分析法、X射线衍射分析法以及拉曼光谱分析法等。其中红外吸收光谱分析法可结合不同化合物的红外吸收光谱来对有机化合物的成分和分子结构等进行测定，这种方法和手段在未知物化学组成检测领域比较常见。X射线衍射分析法通常用于对晶体结构和物相的分析，在博物馆文物中所包含无机化合物的分析领域应用广泛。拉曼光谱分析法可基于拉曼散射效应来对分子的振动情况进行探究，是一种应用普遍的非弹性散射光谱分析技术，适用于对博物馆文物中所包含的有机化合物和无机化合物的结构分析。

第三章　博物馆文物的价值

第一节　文物的价值和功用

一、文物的价值

文物是具有历史、艺术和科学价值的文化遗存，文物的价值是客观存在、不可否定的，《文物保护法》第二条明确规定，"具有历史、艺术、科学价值的文物"受国家保护。

人类社会历代遗存很多，距今年代越近、遗存越丰富。文物有无价值，需要把遗迹、遗物放到其所在的历史时期去分析研究，历史上遗留下来的遗迹、遗物，作为历史的产物，都被打上时代的烙印，因此，都具有历史价值。当然，此处所说的遗迹、遗物的时代（年代）是指历史上第一次产生、制作它的时代（年代），绝不是仿制品或复制品诞生的历史时期。但就某处遗迹、某件遗物而言，不一定都具备历史、艺术、科学价值。一般来说，它应具有历史价值和科学价值或艺术价值，后两者不能脱离前者而独立存在，三者作为一个不可分割的整体存在于物质遗存中，相互渗透、相互制约。

（一）历史价值

文物的价值内涵丰富，在文物所具有的三个价值中，历史价值最为重要。因为任何历史遗迹、遗物都是某个时代人类社会活动的遗存，是由那个时代的一定人群，根据当时的政治、经济、军事、文化等需要，运用当时所能获得的材料和所掌握的技术创造出来的。因此，它从不同的侧面，反映出当时的政治、经济、军事、科学技术、文化艺术、宗教信仰、风情习俗等发展情况，这些也是构成文物时代特点的主要内容。这些时代特点决定了文物是不可再生的，且它的使用价值是客观存在的，是不以后代人的意志为转移的。正是由于文物具有时代特点，所以能帮助人们具体、形象地认识历史，了解历史的本来面貌。

（二）艺术价值

文物的艺术价值内涵十分丰富，主要包括审美、欣赏、愉悦、借鉴以及美术史料等价值，它们之间既相互渗透又相互制约。审美价值主要是从美学的深层次给人以艺术启迪和美的享受；欣赏价值主要是从观赏角度给人以精神作用，陶冶人的情操；愉悦价值主要是给人以娱乐、消遣；借鉴价值主要是从文物中提取其精华，学习和借鉴其表现形式、手法技巧等，并加以创新；而美术史料价值，主要是指文物可以作为研究美术史的资料。文物中，具有艺术价值的历史遗迹、遗物主要分为三大类：第一类是实用的遗迹和遗物，建造、制作目的是为人们所使用；第二类是美术品、工艺品等创作类的艺术品，此类文物的艺术价值一般很高，具备艺术价值内涵的各主要方面；第三类是专为死者随葬而制作的部分冥器，如人、家畜、鸟兽形状的器物，以及车船、建筑物等模型，还有仿礼器、生活器皿的器物等。

（三）科学价值

科学价值的内涵主要包括知识、科学、技术等。古代各种遗迹、遗物本身都蕴藏着其产生时代的科学技术信息，并从不同的角度和侧面反映了当时的科学技术水平和生产力水平，以及社会经济、军事、文化的发展情况，可以为发展新的科学技术和文化艺术所借鉴。它蕴含的科学技术水平信息须通过实物比较研究才能确定，这其中可能包括体现新发明的科学技术水平、稳定发展阶段的技术水平，乃至该种技术衰落阶段的水平。例如，陶器的出现代表着生产力发展到了一定的水平，这在旧石器时代生产力水平极为低下的情况下是不可能制造出来的。

由于文物价值内涵的复杂性和人们价值观念的不同，因此，评估文物价值往往面临很大的困难。人们价值观的不同决定了他们对文物评价的标准不同，从而对文物价值的评估结果也不同。此外，人们对文物价值的认识还受科学技术发展水平的制约。随着历史的推进，科学技术的迅速发展所带来的技术手段越多，人们对文物价值的深层次认识越丰富。文物作为人类历史发展的见证，不仅具有较高的艺术价值，还包含着各个历史阶段的经济、文化等信息，在社会经济文化研究方面具有极高的价值。大量文化因素蕴含于文物社会价值内，研究人员应在逐步研究、开发其主体的同时，将文物的社会价值通过文字等形式传递给社会大众。文化遗产所体现的以各种形式向多数或少数群体表达的文化情绪，体现了人类历史与文化的多样性。

文物社会价值的实现可以分为以下三个阶段。

第一，文物研究的专业人员以价值主体的身份去进行文物价值的研究，从而为之后主客体之间价值的交换提供一定的依据。

第二，博物馆方面对文物开展一系列保护和管理工作，以展现文物的社会价值。这个过程可以吸引更多的人进入到文物社会价值的交换当中，有利于文物价值的提升。

第三，让观众成为价值主体。通过博物馆讲解，让观众不断对文物社会价值进行认识和探究，知识水平得到相应的提升，加深受众对我国历史文明的认识。社会教育是博物馆工作的主要组成部分，在这个过程中，文物的社会价值可以得到体现。此外，文物还具有一定的经济价值，这取决于它的时空性以及社会经济水平。文物的经济价值不是恒定的，而是变化的。一件文物在某一特定历史时期，可能价值连城，但在另一特定历史时期或许一文不值。

二、文物的功用

文物的功用受文物价值高低的制约，其作用大小是由文物价值的高低所决定的。文物研究不单是研究文物本身的价值，而且研究各个历史时期人类社会活动的各个方面及其相互联系，从而揭示人类社会发展的客观规律。由此可见，文物除了具有提供和补充史料的作用之外，还具有借鉴、教育作用。

（一）文物的史料功能

文物作为实物史料，其证史、正史、补史的作用是开展科学研究、发挥文物作用的第一步。在完成第一步工作后，还要运用这些可信且翔实的资料研究历史，促进科学文化艺术的发展和经济建设。

对无文字记载的史前社会来说，文物是研究、再现其社会面貌的实物史料。对有文字记载的历史时期来说，文物作为有形的物体，是形象、生动的实物史料，它比文献资料更加具有特殊的价值。

1.文物的证史作用

中国古代文献是中国的文化宝库，一方面，丰富多彩的文物，不仅提升了文献记载的真实性、可靠性与珍贵性，也丰富了实物资料，成为文献记载的真实见证。另一方面，文物可以对文献记载的历史加以佐证，在对社会历史各个方面进行深入研究的过程中，将文献与文物密切结合，使其相互印证，可以取得更好的效果。

文物与文献相互印证，相吻合者不乏其例。司马迁在《史记》中记载了商代的世系，而河南安阳殷墟出土的大批甲骨文中对商王世系的记载，经考证与《史记》中的记载基本相符。《史记·孙武吴起列传》中记载了孙武仕吴、孙膑仕齐，且各有兵法传世的史实，《汉书·艺文志》中也作了著录。此后，《孙子兵法》不传，众说不一。山东省临沂市银雀山汉墓中同时出土了刻有《孙子兵法》和《孙膑兵法》的竹简，证实了《史记》和《汉书》中记载的正确性，使自隋代以来的疑问得以解答，误传得以澄清。《后汉书·礼仪志》中记载的玉相（玉衣）葬制，也从河北、江苏、安徽、山东、陕西、河南、广东、北京等地出土的完整玉衣或玉衣上的玉片及所使用的金缕、银缕、铜缕等实物中得到了证实。

2.文物的正史作用

在古代，有些史籍在传抄过程中出现错误，有些在流传中缺失，有些被统治阶级删改等，使得文物的正史作用有了极其珍贵的价值。这些价值体现在文物可以校正古籍记载之谬误，订正史传，纠正错讹等方面。在古代，金石学家以金石文字正诸史之谬误，取得了很大成绩。而现今，利用各类文物中的资料修正文献记载，这使文物的作用在更大的范围内得以发挥。地方志中对一些古迹的记载，由于受时代的限制，缺乏资料，又未经实地调查，往往以一些传说为据，使记载失实。随着文物考古工作的深入开展，不少已得以澄清。例如，河北磁县许多古冢，在地方志等古籍中被称为"曹操七十二疑"，但文物调查和考古发掘所获得的文物资料（包括墓志）表明，其并非"曹操七十二疑"，而是北朝墓群，是东魏、北齐的皇室及王公贵族的墓地。在古文献中，往往会记载一些生产和生活器物的情况，这些记载又常被误认为是它们产生的时间。《韩非子》《周礼》中，有关于鞣漆的记载，有人据此认为薄板胎漆器出现于战国中期。实际上中国漆器出现于新石器时代，在浙江余姚市河姆渡遗址就出土有漆器，商代遗址和墓葬中更有多处发现，这些出土文物都校正了人们对《韩非子》和《周礼》中相关记载的错误认知。

3.文物的补史作用

文物的补史作用在于为无文字可考的历史提供实物资料，以供研究和恢复其历史。对有文字记载的历史而言，可弥补文字记载的缺失部分，以提供比纯文字记载更丰富的资料。

各种古籍是研究我国不同时期历史的宝贵资料。但不可忽视的是，正史和其他古籍受阶级局限和当时条件的限制，有大量史实，特别是关于劳动生产者的史实并未被记载，使得大量史实失传，还有不少史籍在历史上散失不传，致使许多史实被湮没。同时，人类社会是一个极为复杂、历史悠久的整体，年代越早的文献，记载的史实越简略，甚或不予记载，使得许多能介绍社会各个方面的史实缺载。

各个历史时期留存下来的丰富多彩的文物，可以较好地弥补文献记载的不足。文物本身储存的信息可以为研究不同问题提供真实可靠的资料。而有文字的文物，如甲骨文、金文、竹木简牍、帛书、古写本、古印本、石刻等，更是直接记载了历史的不同方面，保存了大量历史资料，使人们得以了解某些方面的真实情况。湖北云梦睡虎地秦墓出土的五种秦代法律文书竹简，其内容远远超出了李悝《法经》的范畴，包含了刑法、诉讼法、民法、军法、行政法、经济法等方面的内容。湖南长沙马王堆三号汉墓中出土的帛书，包含了五种医书，成书年代均早于《黄帝内经》，内容中没有五行学说的痕迹，填补了中国早期医学史的空白。

文物史料对专门史的研究也有着极其重要的作用。农业史、畜牧业史、纺织史、陶瓷史、冶金史、建筑史、交通史、天文史、雕塑史、医药史等专业史的研究都离不开文物史料，特别是原始社会无文字记载，只能依靠文物史料记录历史。

随着科学技术的发展，对文物的物质成分和所储存的信息了解更为深入，也为专门史的研究和撰写提供了更加详细和精确的资料。文物作为有形的物体，在绘画、雕塑等一些专门史的研究中，是十分形象生动的实物史料，比文献资料具有更为特殊的价值。

在研究中国传统文化的民族形式方面，文物同样具有特殊价值。在研究中，若只依靠文献资料和文字描述，不易助人形成形象的概念；而增加文物史料，将插图与文字相结合，使人一目了然。例如，人们从古建筑、绘画、雕塑等文物上，更易了解中国传统文化的民族形式。

（二）文物的借鉴作用

文物是中国优秀文化遗产的重要组成部分，继承和发扬优秀文化遗产，发展新的科学技术和文化艺术，需要从文物中不断汲取养分。

1.借鉴与发展的见证

文物是一定历史时期的产物，是该时期科学技术和文化艺术发展水平的见证。如果把某类文物按时代顺序排列起来，研究分析它们的形式和内涵以及所储存的信息，就会发现后者往往吸收了以前历史时期的优点，具备了当代的特点或风格。不同历史时期所产生的各种文物，其本身就是一个时代不断借鉴、不断发展的实物见证。

2.借鉴与发展科学技术

古代文物可为发展科学技术和建设物质文明提供有益的借鉴。利用现代科学技术分析研究古代文物所储存的科技信息，是借鉴的重要方式，在研究其科学性的基础之上，不断创新。

科学技术是历史文化的重要组成部分，我国古代有许多先进的科学技术成果在历史长河中被湮没，而考古工作中被发现的实物却能很好地体现出这些科学技术。其中部分考古实物经整理研究，并采用现代科学技术进行分析检测之后，储存在文物中的科技信息被提取，成为当今科学技术发展的借鉴资料，为经济建设提供了历史依据。在我国有大量文物其本身就是当时科学技术发展的成果，蕴藏着当时的科学技术信息。对这一类文物进行深入研究，特别是用现代科学技术进行分析研究，会为今天的科学技术发展提供可供参考的信息和资料。例如，古代的天文、冶金、水利和建筑等方面的文物都不同程度地承载着古代的科学信息，包括战国时期铸造铜器所使用的失蜡法、汉代生产球墨铸铁所使用的土法等。

3.借鉴与促进艺术发展

文化艺术的发展离不开借鉴历史。任何时代、任何地域的文化艺术都是在学习前人积累的知识、文化、艺术成果的基础上发展起来的，如书法、绘画艺术，就是人们在学习前人作品（许多已成为文物）、借鉴前人优点的基础上，创作出的具有时代风格和个人艺术风格的作品。书法、绘画艺术的发展是这样，其他文化艺术也是如此。

（三）文物的教育作用

文物是进行爱国主义教育、革命传统教育、历史唯物主义、辩证唯物主义教育以及科普教育的形象、生动的教材。

1.文物教育的特点

文物作为教材，有自己的独特之处，其教育方式是其他教育方式所不能替代的。首先，文物是人类社会生产和生活的物质遗存，同时又是精神文化的体现。作为历史的见证，它真实性强、形象生动、具有很强的说服力。它以实物的形式展现在人们的面前，往往比文字、书面的教育收效更大。其次，文物是直观、形象的物质遗存，具有强大的感染力。这种直观的感染力和说服力，是其他任何教育手段所不能代替的。

在进行爱国主义教育时，文物可以发挥它独特的作用。遍布全国各地的古建筑、石窟寺、古石刻、古遗址、古墓葬、考古发掘出土的或传世的数以万计的文物，均可作为实物见证，使人们通过直观、形象的感受，了解中国的古老文明、灿烂文化，领悟中华民族的伟大精神，增强民族自豪感。

2.文物教育的凝聚力

在中华民族历史长河中，用聪明才智创造的物质文化和精神文化，蕴含和体现着中华民族在形成和发展过程中凝结的思想感情和精神文明，可以潜移默化、深刻地培养和影响人们的爱国主义情怀，成为团结各民族人民的力量。

3.文物教育的场所

开展文物教育的场所主要有博物馆、纪念馆以及各种文物保护单位，而文物教育的形式多种多样。博物馆和纪念馆是收藏可移动文物的机构，也是宣传教育的机构。这些单位是对人们进行历史文化教育的重要场所，在对文物藏品进行研究的基础上，还可以举办各种主题文物展览，供人们参观和学习。

在我国的不可移动文物中，已有数以千计的文物被各级人民政府公布为重点文物保护单位。国务院公布的全国重点文物保护单位已达4295处，其中大多数都可以作为人们的文化活动场所，这些文物本身都具有很高的历史、艺术和科学价值。人们可以通过参观，学习各种知识，欣赏不同时期、不同形式的文化、艺术，接受文明的陶冶和教育。

第二节 文物的特点

《文物保护法》规定，文物是不可再生的文化资源。不可再生是文物的重要特性之一。进一步研究和认识文物的特点，对揭示文物博大精深的内涵，以及文物学科建设和文物保护、收藏等工作的健康发展，都具有十分重要的意义。概括而言，文物的特性主要有物质（资源）性、时代性（或称为历史性）、不可再生性、不可替代性、个体差异性、客观性、永续性等。

一、文物的物质（资源）性

文物是有形的历史文化载体，是人类历史发展的见证，内容丰富。先人留下的宝贵物质遗产，是古代劳动人民用一定的物质材料，采用一定的技术手段建造或制作而成的，如青铜器、金银器、玉石器、竹木漆器等。文物的物质性又以一定的形态（形制、形式）存在。文物是有形的，并且形态是多种多样的。文物的形态，是由人们建造、制作、生产的用途、目的与所用物质材料和科技水平所决定的，其最终形态则是由社会发展，以及政治、经济、文化的发展所决定的。用途、目的在不同的时代和地区不尽相同，随着社会的发展，文化和科学技术在不断进步，文物的形态或风格也随之不断发展、变化或者消亡，所有这一切，在各类文物中都有所反映。

二、文物的时代性

文物是特定历史时期的产物，是由它产生时代的一定人群，根据当时的政治、经济、军事、文化等需要，运用当时所能得到的物质材料和掌握的技术创造出来的。每个历史遗迹或遗物无不被打上了时代的烙印，蕴含着当时的政治、经济、文化、科学技术等诸多方面的内容和信息，因此没有时代（或年代）的遗迹和遗存是不存在的。文物的时代特点是文物时代性和时代内容在历史遗迹和遗物上的体现，从时代特点中看出文物在其产生的时代所处的位置，以及它的地位和作用。每个遗迹或遗物从不同的侧面，反映了当时的政治、经济、军事、文化、风情习俗等，这些都是构成文物时代性的主要内容。这种时代特点，亦即历史性，也是文物最重要的特点。

三、文物的不可再生性

文物的时代特点决定了文物不能被再生产、制作和建造。在它产生的时代，其地位是客观存在的，不以后人的意志为转移。即使是十分逼真的复制品也不能替代文物的作用，虽然所用的材料、色彩和纹饰基本相同，但也只能反映制作复制品时代的社会条件、技术水平和工艺，与文物所包含的、它产生的那个时代的文化内涵和历史信息仍有区别，复制品不是历史的见证物。文物所具备的可永续利用的价值取决于其所凝聚的文化内涵，因而具有不可再生性，哪怕是轻微的改动，都会破坏其文化内涵，进而破坏其永久的价值。

历史遗存具有不可再生性，重建、新建的仿古建筑并非历史建筑。国际上有关古建筑保护的《佛罗伦萨宪章》就明确指出"重建物不能被认定为历史遗物"。在历史文化积淀较深的欧洲是几乎看不到重建、新建的仿古建筑的，欧洲保留下来的古建筑都具有原汁原味的历史面貌。我国有关文物保护方面的法律也明确规定，纪念建筑物、古建筑等文物在遭到全部毁坏之后，不得重新修建。

四、文物的不可替代性

文物的不可替代性是文物时代性和不可再生性逻辑发展的结果。文物是历史文化遗产，是一定时代的产物。每一件文物或每一处文物，都有它在历史上的地位和作用，都包涵自己所处时代的文化内涵和历史信息，不可被其他物品所替代。

不同历史时期制作或建造的各种类型文物，其历史内涵和信息是它产生时代（或年代）的历史各个方面的实物见证。毁坏一件或一处，就永远失去了一件或一处历史见证物和象征物，也就减少了一个独特的历史符号。

五、文物的个体差异性

文物的不可再生性、时代性和不可替代性的特点，决定了其保护技术需遵循审慎的原则，而所采用的技术方案也存在差异性。即便是同一地点出土的同类、同质文物，在保存现状、损坏程度方面也会有所区别，这便是文物的个体差异性，是由古代工艺技术水平、非标准化生产方式，以及文物经历的环境差异造成的。因此，不可能只采用单一的保护技术就可以解决所有的问题。

六、文物价值的客观性

文物是历史文化遗产，具有历史、艺术和科学价值，包含着政治、经济、军事、艺术等丰富的内涵，博大精深。它的价值是凝结在历史文化遗迹和遗物（包括精神的和物质的遗物）中的一般人类劳动，是人类智慧的结晶，是历史发展、进步的标志。它具有双重特性，即有形价值和无形价值。文物既是有形的物质形体，又是无形的文化或文明内涵的载体，其历史、艺术和科学的文物价值是客观存在的，但表达方式是主观的，如数据、图片、语言表述等。人们对文物价值的认识则是不断深化的，对文物博大精深内涵的认识和获取它内涵的各种手段，既要靠知识的积累和深入研究，又要靠知识的更新和科技的进步。在认识和评价文物价值的具体过程中，人们会受到科学文化知识、研究水平和科学技术发展水平的限制或制约，因此对文物文化内涵和信息的揭示与对其价值的认识，不是一次（或一时）可以完成的。随着研究的深入，科学技术迅速发展所提供的技术手段越多，人们对文物价值的认识也就会越深入，获得的历史信息也就越多，因此需要一代又一代人的不断努力和坚持。

七、文物作用的永续性

文物是不同历史时期产生的物质文化遗存，是研究不同历史时期政治、经济、军事、科学技术、文化艺术等的实物史料。它是历史的见证，可以证实文献记载的历史；可以校正古籍记载之谬误，更正史传，纠正错讹；对于有文字记载的历史，可用于弥补文献记载的缺失。文物是研究历史及专门史的重要实物史料，对史学的研究，特别是对重建上古史有着特殊重要的价值和作用。

人类社会的发展，科学技术和文化艺术的发展、进步，都需要借鉴历史，而文物则是最好的实物教材，它有自己独特的特点，它是一种文化载体，同时也是一种精神文明的表现。它作为历史见证，真实性强，具有很强的说服力，它以具体、形象、生动的物质形态展现在人们面前，具有极强的感染力，是任何其他教育手段所不能替代的。因此，文物对研究者和大众，对一代又一代人，对民族和国家以至于全人类，以及对已往的历史和未来，都将发挥永续的作用。

第四章　博物馆文物保护的方法与举措

第一节　馆藏文物病害的成因

博物馆是集收藏、展陈与研究的综合性文博单位，其收藏了大量珍贵的古代文化遗产。目前，需要对文物病害成因有较为清楚的认识，从而更好地保护文物，制定相应的保护对策，以更好地发掘其自身价值。本节重点阐述陶瓷及砖瓦类文物、石质文物、纸质文物的病害成因。

一、陶瓷及砖瓦类文物病害的成因

（一）陶瓷及砖瓦类文物发展

1.陶瓷业的发展

（1）新石器时代就有了陶器

我国制陶业历史悠久，早在新石器时代人们已在生产、生活中广泛利用陶器，如在西安半坡和河南龙山等地的新石器时代遗址中，发掘出土了各种形制不同和纹饰各异的陶器与大量的陶片，这表明当时的制陶业已经发展到一定的水平。

（2）商周出现原始瓷器

瓷器是在制陶工艺的基础上经改进原料、制作工艺和烧制温度而发展起来的。商周时期已出现以瓷土做原料，烧制温度达1200℃的原始瓷器。如浙江绍兴古墓中出土的紫色炀瓷，它吸水率低、发音清亮，表面除有几何纹饰，有的还有绿釉。这种炀器被认为是比陶器更美观、更坚固的介于陶器和瓷器之间的陶瓷制品，也叫原始瓷器。

（3）汉代和晋代瓷器的发明已完成

汉代和晋代在瓷器的制作工艺、窑的建筑、釉料的配制、烧制温度的控制等方面都达到了比较高的水平。经过漫长的发展过程，我国制瓷技术已发展成熟，施釉技术方法也达到相当高的水平，与现代手工施釉没有什么区别。

2.砖瓦类文物的发展

我国的古代建筑多以砖木结构为主，砖瓦在建筑材料中占有相当重要的位置，并且起着十分重要的作用。砖除了用于建筑房屋和地下陵墓外，还可雕出精美的花鸟人物，作装饰材料。砖的出现和使用，不仅大大提高了房屋、陵墓等建筑的强度，而且使建筑更加美观。

西周时期使用瓦作为建筑物顶部的覆盖材料。在筒瓦的顶头，是保护房檐部椽头免受风雨侵蚀的建筑构件瓦当。在陕西沣河东西岸，扶风县的黄堆、岐山县的凤雏村等处的考古发掘中，出土了大量的西周瓦和瓦当。到了西汉时期，瓦的使用更加普遍，除了汉长安城内的宫殿、官署等建筑物外，各地的宅院建筑也普遍使用。瓦当上还刻出各种图形、文字，用以装饰房屋，表达人们最美好的愿望。陕西三原城隍庙、广东省广州市的陈家祠及东南地区许多妈祖庙的琉璃瓦色彩鲜艳、造型别致，其纹饰花草精美、鸟兽形象生动逼真，充分体现了我国古代建筑匠师们的艺术创造力，具有很高的历史价值和艺术价值。

（二）陶瓷及砖瓦类文物损蚀的主要原因

1.瓷器损蚀的主要原因

瓷器的质地比较坚硬，加之表面有一层烧制而成的硅酸盐釉层，因而吸水率低，受水的影响和侵害不大。所以瓷器的损毁更多来自外力的冲击，如存放瓷器的房屋倒塌、墓穴塌陷，使瓷器因受到碰撞、重压而破碎，甚至成为瓷片。

2.出土陶器文物损坏的主要原因

（1）陶器文物损坏的内因

陶器文物由于质地疏松、多孔隙，吸水性强，因而很容易吸收雨水或地下水。地下水或雨水在流动和渗透的过程中会溶入各种酸、碱、盐、有机物，从而给陶器带来损坏。

（2）陶器文物损蚀的外因

①雨水及地下水的影响

第一，雨水及地下水的作用，使疏松、多孔隙且吸水性强的陶器长期处在极潮湿的状态下，对陶器很不利。

第二，地下水中可溶盐对陶器的破坏。地下水常含有大量的可溶性盐，如碳酸盐、硫酸盐、卤化物等。这些含有可溶盐的水浸入到疏松多孔的陶器中，与其中的金属氧化物发生作用，使可溶盐达到饱和状态，当温湿度交替变化时，溶盐也随着结晶、溶解交替进行：盐结晶时，体积膨胀，对陶器孔隙壁产生压力；盐溶解后，这个压力也随着消失。如此反复作用，再加上原来陶胎中金属氧化物的溶出，陶器自身的抵抗力减弱，变得比较疏松，较易破碎。孔隙较大的粗砂陶，更容易受到损害。

②自然灾害对陶器文物造成的危害

自然灾害对陶器这类结构疏松不致密、多孔隙、强度小而易碎的文物危害是很大的，甚至是毁灭性的。如地震、地裂、水灾、火灾、地基下沉等原因引起房屋倒塌、墓穴塌陷、建筑物毁坏造成文物毁坏，因而考古发掘出土的陶器有完整的、有残缺不全的、有虽破碎成片但仍可拼对黏结成器的、有的就根本是无法拼对成器的碎陶片。

③人为因素的破坏

第一，考古发掘过程中因对埋藏情况不十分清楚偶尔失手造成器物损坏。

第二，陶器文物在搬运过程中由于强烈振动、碰撞或车祸等人为因素造成陶器文物破裂或毁坏。

3.砖瓦类文物损坏的主要原因

（1）砖瓦类文物损坏的内因

砖瓦类文物损蚀的主要内因是本身质地疏松、多孔隙、吸水性强，对外界有害物质如空气中的有害气体、酸雨、尘埃的吸附力很强，很容易受腐蚀而风化，变得更脆弱更易碎。

（2）砖瓦类文物损蚀破坏的外因

砖瓦类文物长期处在室外和环境密切接触，环境中有害物质对砖瓦类文物的侵蚀破坏十分严重，直接影响文物安全和寿命。

①大气中有害因素对砖瓦类文物的危害

人类在地球上繁衍生息数百万年，随着工业，尤其是近代工业（如石油工业、化工工业、汽车工业、机械工业、核工业、军事工业、航空航天工业、舰船工业、交通运输等）的迅猛发展和人口迅速增长，环境污染日趋严重。工业中废水、废渣的排放不仅污染空气，还污染地下水，特别是工业三废之一的废气排放，不仅严重危害人类健康，也严重危害人类留下来的文物古迹，对那些长期在室外的石质、砖瓦类文物侵蚀破坏尤其严重。

②酸雨对露天砖瓦类文物的侵蚀损害

由于人口剧增，现代工业的发展带来了一个波及范围不断扩大、危害越来越严重的"空中死神"——酸雨。酸雨使砖瓦表面严重风化，使内部结构更疏松、孔隙扩大，严重影响砖瓦的强度。

③风沙打磨对露天砖瓦文物的破坏

近年来由于生态环境遭到破坏，土地荒漠化严重，强烈的沙尘暴对露天砖瓦类文物的吹打磨损很严重，有时甚至将砖瓦吹打破损。

由于砖瓦与古建文物在一起，砖瓦文物的破损、风化，会引起雨水渗漏而危及古代建筑木质构件。受雨水中各种酸、碱、盐物质浸蚀的木质构件，会膨胀干缩、开裂、糟朽，威胁古代建筑的安全。

二、石质文物病害的成因

（一）石质文物的分类

石质文物是指一切以天然石头为原料加工的制品类文物，基本上分三大类。

1.石质艺术品类文物

石质艺术品类文物在石质文物中占有极其重要的地位，它种类繁多，有石窟寺、摩崖造像、石雕、石刻、石碑、经幢等。这些石质艺术品，把大自然与人类生产生活、社会活动、风土人情等完美结合在一起，成为人们研究古代人类社会的经济、生产、生活、文化，特别是古代艺术的珍贵实物资料。

2.石质建筑类文物

石质建筑类文物是指人类历代遗存在社会上或埋藏在地下的有重要历史意义和重要艺术价值的石质建筑物或构筑物。石质建筑类文物包括石质建筑物、石质建筑群及其内部所附属的艺术品，如石质文物建筑中的石洞、石棚、石殿、石桥、石塔、石墙、石阙、石牌坊、石陵墓、石地板、石台级、石墙基、石柱、石柱础、石栏杆等。

3.石质工具、用具类文物

早在人类历史的初期，人们就开始以岩石为原料，制成各种劳动工具和生活工具。石制品的出现，开始了人类历史发展中漫长的石器时代，直到金属器具出现，石器才逐渐被取而代之。从古代用石材制成的石刀、石斧等简单劳动工具，逐渐发展到用石材制成石磨、石碾等石质工具，后来又用石材制成石槽、石盆、石碗、石镯、石枕、石棺、石椁等生活用品和丧葬用品。在漫长的石器使用过程中，很多石器被遗留了下来。

（二）石质文物风化的主要原因

石质文物的风化是一个普遍存在的问题，特别是露天的石质文物的风化更为严重。石质文物风化主要受石质本身的性质、结构、保存状况、建造的地质、地理等内部因素及外界物理、化学、生物等外部因素的影响。

1.石质文物风化的内部因素

石质文物的风化损蚀，与其本身的性质、化学组成、孔隙率大小和胶结物类型等内部因素有着直接的关系。

（1）石质文物石材化学组成的影响

雕琢加工石质文物的石材，一般都是就地取材。因此，当地的地质地理条件等就决定了石质文物的质地。各种不同质地的石质文物，遭受的影响也不同。如大理石、汉白玉这种以碳酸钙为主的石质文物，遇到浓盐酸，就会产生气泡；主要成分是难溶硅酸盐的花岗岩石材，遇到浓盐酸时，却看不出有明显的化学变化。这两种不同质地的石质文物受空气中酸性气体如CO_2、SO_2、HCl、NO_2等及酸雨的影响大不一样，前者比后者的腐蚀风化速度要快得多。

（2）石质文物石质结构的影响

如果石质文物的主要化学组成相同，那么石质结构的影响就很明显，孔隙率大的石质结构就比较疏松，机械强度相对会小一些，因而抵御各种外界因素破坏的能力也较差。这种石质对水、酸、溶盐的吸收强，风化蚀损的速度变快。

（3）石质文物石质胶结物的影响

石质的风化速度与石质胶结物的类型有关，以泥质（绿泥石、水云母和高岭土的混合物）为胶结物的石质，比以硅质为胶结物的石质更容易风化，这是因为泥质胶结物，在饱水状态下，容易发生水化作用，使泥质颗粒体积增大，造成石质膨胀，甚至泥质随水流失，造成石质结构中孔隙率增大，而抵御外界因素破坏的能力变差。而硅质胶结物因其溶解性非常小，不足以引起体积变化，也不易流失而影响石质孔隙率。

（4）石窟寺建造受地质地理条件的影响

石窟寺建造时会受地质地理条件的影响。如地质层结构的变化、岩石的形成与演变、风沙的侵蚀、地下水的活动等，都会对石窟寺带来破坏。

2.石质文物风化的外部因素

石质文物的风化除受石质本身的组成、性质、结构、保存状况等内部因素影响外，还受大气中有害气体、尘埃、酸雨，地下水中可溶盐、油烟等化学因素和水、温度、风沙、岩石空隙中盐的结晶与潮解等物理因素以及菌类、苔藓、藻类等生物因素的影响。

（1）石质文物的化学风化

近代工业发展和人口迅速增长，导致大量有害气体排入大气中，造成严重的环境污染。特别是工业中三废之一的废气的排放，战争的硝烟、烟花爆竹的燃放，燃料的燃烧（汽车尾气，轮船、舰艇、飞机、火箭的燃料燃烧）等，都在将空气中对人类有益的氧转变成对人类健康有严重危害的氧化物（如氮氧化物、硫氧化物、碳氧化物）。这些有害气体不仅严重危害人类健康，同时也严重危害人类遗留下来的文物古迹，使文物不同程度遭到有害气体的侵蚀。室外石质文物受害更为严重。

（2）石质文物的物理风化

物理因素对石质文物的破坏也是石质文物风化的一个重要因素。物理风化作用主要指湿度、温度、风沙、盐的结晶与潮解、溶盐的晶变等物理作用对石刻的影响。

①水对石质文物的作用最为突出

第一，水是其他物质破坏石质文物的媒介。没有水存在，像SO_2等有害气体的侵蚀化学反应，无法进行，所以说水是造成岩石雕刻等石质文物风化的根本原因。

第二，水的结冰对石质文物的破坏。当石质内部孔隙的水遇低温结冰时，体积增大，产生膨胀压力，对孔隙率较大的石质文物造成破坏。

第三，水使石质内部泥质胶结物发生水化作用，造成石质体积膨胀。

第四，侵入石质表面的水，对石质形成外多内少的渗透分布，更能引起石质体积膨胀而导致力学强度从内到外明显下降，使得文物介质最高的表层，受水的侵入而成为受破坏影响最大、最严重的部位。

②岩石空隙中盐的结晶与潮解对石窟的破坏

岩石空隙中盐的结晶与潮解对石窟的破坏很大，当温度升高时，岩石空隙中水分要不断蒸发，使毛细孔隙中的盐分增多，浓度增大，当达到饱和浓度时，盐分就会结晶，而结晶时体积增大，对周围岩体产生压力，形成新的裂隙。当气温降低时，盐分从大气中吸收水分而又使盐溶解变成盐溶液，渗入岩体内部，并将渗入岩体的盐溶解，渗到新生的裂隙中。如此反复进行，使石质文物中的裂隙不断扩大，强度不断降低。

③岩石中溶盐晶变对石窟的破坏

溶盐的结晶变化对石窟产生的破坏不容忽视。大足石刻中石膏（$CaSO_4$）在浅表层聚集的硫酸盐中比例最大。当气温达40℃时，气温对岩石的有效影响范围可深达10cm左右。气温差可促使石膏与硬石膏之间发生周期性变化。当硬石膏变成石膏时体积增大31%，并产生10kg/cm² 的压力，使联结较弱的岩体产生胀裂。

④温度变化造成岩石的物理风化

物体的热胀冷缩取决于物体的膨胀系数及温度变化。暴露在外界环境中的石质文物，白天在太阳曝晒下，石质表面受热膨胀，内部受影响较小。而夜晚，表面又被内部冷却，收缩得快。石质颜色不同，吸收的热量也不同，黑色吸收的热量多，因而一些石质文物暗的部位膨胀较小，形成不均匀的膨胀，反复作用而给石质文物带来破坏。

⑤风沙吹打磨蚀引起文物的物理风化

风的剥蚀也加剧文物的风化。一般10级风力形成的表面压力约为666.6～799.9Pa，可加深水的渗透作用。近年来风卷沙尘起，形成的沙尘暴对石质文物的吹打磨蚀十分严重。在敦煌，沙尘暴卷起的大量沙石可将窟门封住；积沙甚至可压垮洞窟栈道；风沙还直接吹打磨蚀石窟壁画的画面层，引起颜料脱落。

（3）石质文物的生物风化

地球上存在着大量的生物，这些生物生长在地球表面的各个角落（包括空气中、水中以及石质裂隙中）。它们的生长、代谢、活动与死亡都直接或间接地损蚀破坏石质文物。

①植物根系对石质文物的破坏

植物生长在石质文物裂隙中，根系会把石质文物的裂缝逐渐胀开，使裂缝不断发展，造成严重的机械性破坏。

植物生长在距石质文物太近的地方，根系的生长不但会使文物的基础受到威胁，还会使地面水沿植物根部慢慢渗入，带着石基及岩石中的可溶性盐慢慢向石质文物表面迁移。蒸发作用使溶盐在石质文物的表面及裂缝中析出，加速溶盐引起石质文物的化学风化和物理风化。

②菌类微生物及低等植物对石质文物的破坏

石质文物上常常有菌类及苔藓等低等植物繁殖生长。这些生物常以共生复合体存在，在潮湿温暖的地方繁衍迅速，对石质文物破坏明显。大足石刻区气候温暖潮湿，年平均气温为$17.3℃$，年平均湿度为82%。这样的条件，非常适合菌类特别是霉菌和一些低等植物生长繁殖。它们不仅在石质文物表面形成各种色斑，影响文物的原貌，而且因微生物的酸解作用和络解作用使石质文物发生生物风化。

三、纸质文物病害的成因

纸质文物包括书籍、档案、文献、经卷、书画、碑帖、报纸等，是图书馆和档案馆的重要收藏品。造纸术是我国古代四大发明之一。自西汉以来，各地遗留和保存了大量的纸质历史文献及图书档案。

纸质文物多记载了历史上各个不同时代的生产、生活、文化、艺术、交通、军事、社会活动的发展情况，是人类极其宝贵的文化遗产和财富，是研究人类社会发展和科学技术进步的重要文字资料，有十分宝贵的价值。

纸质文物保存病害原因如下。

（一）环境因素影响

纪录片《我在故宫修文物》中专门有一章涉及修复古籍善本的内容。纪录片中历经漫长时间考验保存至今的纸质文物不仅颜色泛黄，纸张硬、脆，而且随处可见大小不一的斑点、破洞或缺损。而这些所谓的历史印记其实就是纸质文物最为常见的病害影响[①]。

1.霉菌

霉菌是真菌的一种，在环境温湿度达到一定条件后，这种微生物快速繁殖，只需两三个月左右的时间就能产生近10%的草酸。而草酸正是造成纸张发黄的元凶。不仅如此，由于霉菌快速繁殖的同时会析出有机酸，当与文物纸张原有酸性成分叠加后，纸质文物就会发生一种名为"酸老化"的变化，这就是纸质文物变脆的原因。而霉菌繁殖过程中产生的有色物质则会让纸张出现大小不一的斑点，也就是俗称的霉点。以上都是霉菌污染纸质文物后容易出现的几种典型病害问题。

2.太阳光照

太阳光是可见光与不可见光共同组成的能量波束，人类肉眼能见的是可见光，肉眼无法看见的是不可见光，又分为紫外线与红外线。其中紫外线就是最易让纸质文物出现褪色问题的病害诱因。不仅如此，太阳光照强烈的时候，纸质文物会同时受到热辐射、氧化、降解三种负面影响，其后果就是纸张变硬、变脆、发黄、褪色等问题先后出现。

3.虫害

制作纸张的原材料有木、竹、藤、草等各种植物，因此成型后的纸张是纤维和植物蛋白的集合体。自然界存在大量依赖植物维生的昆虫，尽管纸张是植物原材料经过再加工后的成品，但其中的纤维素和植物蛋白依然足够供养诸如书虱等害虫存活。而这些蛀虫不仅会将纸张蛀出各种孔洞，严重时也会让纸质文物完全分解、碎裂。因此虫害也是纸质文物保存过程中典型的病害原因之一。

还有一种普遍存在却最容易被忽视的不良环境因素就是有害气体。前面已经提到，霉菌大量繁殖造成的"酸老化"问题对纸质文物保存是极其不利的，然而

---

① 王亚龙.影响纸质文物耐久性的内外因素探析 [J].神州民俗（学术版）,2019（3）:77-78.

空气中过量硫化物、硫氧化物、氮氧化物等有害气体引发的酸老化程度并不亚于霉菌。换言之，周围环境中有害气体体量同样是左右纸质文物保存与保护效果的重要因素。然而相较于其他肉眼可见的因素，有害气体往往是纸质文物保护的薄弱环节，尤其是对大量传统水墨书画文物而言，过量有害气体常常会造成墨迹显著褪色，严重时可能导致难以挽回的重大损失。

而与有害气体同样属于不可见因素的粉尘也是纸质文物保存与保护的一大"杀手"。粉尘的来源多种多样，防不胜防。不仅是前往博物馆欣赏文物的游客会将外部环境中各种细小粉尘带入馆内，包括博物馆馆员在内的工作人员也常在无意中成为粉尘携带者，部分粉尘一旦落在纸质文物上就会牢牢吸附于纸张表面，一旦这些文物被反复翻阅、整理，粉尘就会起到增大摩擦力的负面作用。久而久之，纸质文物便可能起毛乃至穿孔，倘若粉尘同时附着了霉菌，这些病害便会因为聚合而产生更多相互叠加的负面影响[①]。

从这一角度看，肉眼不可见的环境因素恰恰是当前和未来纸质文物保存与保护工作中迫切需要重点关注和强化的环节。

（二）文物本身问题

中国传统纸质书画往往需要经历装裱才能最终成为作品。《我在故宫修文物》这部纪录片，有关古籍修复段落中就出现了洒水、揭裱、上墙等一系列与水密切相关的操作步骤，而水与纸张相遇时产生的化学反应中，氢键的断裂与连接就是让纸张强度不断变化的"钥匙"，利用这一化学特性进行古籍修复是传承千百年的工匠技艺。不过，每一次化合反应改变纸张强度都会不同程度影响纸张原有的酸碱成分，一些物质的流失与另一些物质的加入其实都是对纸张耐折性、硬度等的破坏。因此，仅就文物本身来说，制作、使用、修复等各种活动都会对纸张产生磨损，这也是产生纸质文物保护问题的原因之一。

① 陈刚，张田．近代书籍纸张中"狐斑"的发生特点研究 [J]．文物保护与考古科学，2019（2）：52-53.

第二节　馆藏文物的保护方法

一、陶瓷及砖瓦类文物的保护方法

（一）清理

清理方法是采用放大镜或显微镜下手工清理。针对水溶性泥土等附着物，最普通的方法是采用蒸馏水清理。对于干硬的泥土，可用棉球蘸2A溶液局部滚涂，使泥土变软后再进行剔除。对硬质黏结物和污垢可用棉签先蘸取蒸馏水湿润清理，再选用手术刀等方法清理，如果沉积物非常坚硬，则选用牙科工具进行机械清理。化学清理前必须先实验，在实验方法可行且对文物破坏性小的前提下方可进行清理。清理方法是采用浸泡、涂抹及敷布等操作方法。化学处理后，必须仔细清理残留物并迅速进行深层脱水。如使用3%EDTA清除碳酸盐结壳，使用1.5%的草酸钾溶液去除氧化铁斑痕。

（二）加固

对于脆弱陶胎，局部可采用0.5%~1.5%的丙烯酸树脂ac33、硅丙乳液等加固材料加固。

（三）拆除前期不当修复

对于黏接错位的器物，使用3A溶液结合手术刀、热风枪等工具将器物软化后拆除前期黏接错位的器物。

（四）拼接和黏接

根据器物的残破程度，采取"相近互配法"原则，这种方法的最大特征就是根据残片的大小、位置、茬口、形状相近的原则进行拼接，可以节省拼接的时间，提高工作效率。黏接前要先去除黏接面上的尘土及污垢，尽可能将浮土和污垢清除干净，以保证黏接效果。在黏接过程中，要使胶黏剂均匀地涂抹在界面上，使胶料完全溶入断面，胶黏剂必须呈液态，这样可使缝隙处完全黏合，达到理想的强度。如果涂抹不均匀，产生气泡，强度会下降。采用0.5%~1.5%的ParaloidB72溶液作为残断面隔离层，待隔离层完全干燥后，再使用丙烯酸树脂ac33等胶黏剂进行黏接。黏接时，在残断面两边预先黏贴纸胶带，防止黏接剂溢出后污染器物表面的纹饰。

（五）补全和支撑

补全原则视文物的残缺程度而定，从结构稳定性和美学上给予充分考虑，补全材料必须具有可逆性、可识别性和兼容性。补配的器物应与原物有所区别，观察文物本体的颜色及补缺的颜色，做到"远看一致、近观有别"的原则，它能直接反映文物的整体效果及历史风貌。根据文物须达到的展陈需求，一般会对残缺部位或影响器物稳定性的部位，使用树脂或石膏进行补配。补全的方法是先将残缺的部位内侧用蜡片作垫层（小的残缺部位内侧用纸胶带作垫层），将器物的残断面平放；再用石膏调制成糊状对残断面进行补配。对于残缺太多又无历史依据恢复其外貌特征的文物，不予补全，而采用支撑物予以展示，以便给观众提供更完整的视觉效果。

（六）打磨、做旧

为使修复后的器物有良好的整体视觉效果和满足陈列需要，保持器物的观赏艺术性，避免修复部位与整体器物表面的色彩差异过大，需使用砂纸将补配后的修复部位打磨到与器物曲线一致，再对表面进行做旧修饰处理，所用做旧材料有黏接材料和着色颜料，颜料应采用类似成分的矿物颜料。做旧程度要严格控制，不能改变器物的原有色彩。

（七）封护

保护修复完成后，为了长久地保存陶器，防止外界污染物再次侵蚀，可在陶器表面涂一层防护材料。目前用0.8%~1%的ParaloidB72溶液，其能通过孔隙进入陶器内部，使陶器更加坚固，同时也能隔绝空气、水分、光线、可溶盐等有害物质，起到保护文物的作用。操作时，技术人员可根据文物情况采用涂刷法、喷涂法或浸入法。封护时，必须注意采取安全防护措施，应在通风橱或通风顺畅的地方进行。

二、石质文物的保护方法

为最大限度保存文物本体及其历史信息，在前期勘察、病害调查、修复措施的论证和研究基础上，文物修复遵循"最小干预""不改变文物原状"等原则。宋徽宗御笔碑、屠潘墓道石刻、瀛洲接武坊等石质文物进行的保护修复，有效去除了文物病害，取得良好效果，为石质文物保护修复积累了宝贵的实践经验。

（一）表面污渍及生物病害清理

石质文物表面的灰尘积垢、盐碱结晶、生物病害等会影响文物的外观和寿命，用适当方式去除表面污染是石质文物保护的重要课题。

石质文物石材种类各不相同，不同保存环境下的病害也不同，这就要求清理表面污染物时须充分了解文物材质及病害情况，并在保护修复正式开始前进行局部试验，选取最合适的清洗方法。目前，常用清洗方法主要有物理清洗、化学清洗、机械清洗、激光清洗等。考虑到文物体量与保存环境等因素，结合局部试验，主要采用手术刀、软毛笔、牙刷等工具并结合去离子水和酒精等材料进行清理。生物病害在清洗后用微生物防治剂涂刷石质文物表面三遍，防止霉菌生长。

（二）脱盐

露天、半露天保存的石质文物，长期受复杂的自然环境影响，文物中含有多种有害可溶性盐，如氯化物等，这些盐分威胁石质文物的安全稳定，脱去石材的有害可溶盐，对石质文物的长久保存十分重要。

石质文物脱盐方法很多，在清理大体量石质文物表面盐分时，多使用剔除法、敷贴法和转换法等。敷贴法是使用最为广泛的方法，常用材料有去离子水、纸浆等。宋徽宗御笔碑、屠潘墓道石刻最终选取敷贴法进行脱盐，通过石材内部的毛细管的毛细吸收原理，将石质内部可溶盐吸收至纸浆，待吸附材料干燥，从而带出有害可溶盐。

（三）加固与填充

石质文物表面出现的风化、剥落、空鼓、裂隙等病害使文物受损，对其进行加固，可减缓病害的进一步发展。加固填充须根据石质文物石材材质及病害情况选用保护材料。如修复人员在对瀛洲接武坊的较大缝隙处理时采用了传统建筑材料——桃花浆进行灌浆加固，取得良好效果。对于浅表性裂隙，经综合评估，对文物安全稳定无严重影响的，选择以定期巡查监测为主。

三、纸质文物的保护方法

（一）防止有害物质接触

保护与修复纸质文物时，应让纸质文物处于相对真空的环境中，隔绝大自然环境，防止空气中的灰尘颗粒或化学物质频繁接触纸质文物，从而依附并侵蚀纸质文物。若纸质文物必须与空气接触，管理人员必须定期清理纸质文物上的颗粒，并快速有效地完成清理工作，比如创设一级空气过滤模式，以便能长期且定期清理灰尘，调换通气孔道的滤尘器，避免滤尘器丧失原本的作用而形同虚设，导致化学物质或灰尘颗粒仍然依附于纸质文物上的情况发生。如果纸质文物需要长期储存，管理人员就必须时刻注意要定期清洁灰尘，可以使用软抹布或者软刷工具轻轻扫除纸质文物表面堆积的灰尘。如果纸质文物收藏在博物馆或图书馆中，就需要在放置纸质文物的陈列柜附近安装隔绝环境中有害物质或微生物的设备，还要定期养护设备，使设备真正发挥作用，确保空气中没有灰尘颗粒、微生物、细菌、微型虫类等会对纸质文物造成损害的物质。

（二）采用纳米修复技术

随着科学技术的不断升级，纳米技术也得到了一定程度的突破。实验表明，纳米技术可以为纸质文物的保护与修复提供帮助。由此，纸质文物的保护与修复领域逐渐出现了纳米技术的身影，纳米新材料也在纸质文物保护与修复的进程中得到了广泛应用。纳米修复技术主要是将纳米材料加入纸质文物的纸张中，在不会影响文物自身色彩的基础上落实纸质文物的抗热能技术与抗老化技术，提高纸质文物的强度与韧性。

（三）改善收藏文物的环境

人类开展多样化的工业活动，对自然环境的影响持续增加，全球升温、温室气体的排放力度加大、极端天气频率增加等现象加剧了自然环境的恶化，不可避免地会对纸质文物的保护与修复工作造成负面影响。环境温度与湿度的变化，势必对纸质文物的保护与修复工作造成新的影响。因此，环境的温度与湿度应控制在一定范围内，尽可能地延长纸质文物的寿命；冬季的室内温度应保持在15℃左右，夏天室内温度应保持在25℃左右，一年四季环境的湿度应保持在50%~65%，而每天的湿度变化幅度不应超过5%，否则，纸质文物的纤维韧性很容易受到影响，从而滋生大量微生物。密不透风的存储环境不仅不会达到保护纸质文物的良好效果，甚至会加快细菌的滋生与微生物的繁殖速度，有害气体长期停留在环境中，最后通过化学反应对纸质文物造成损害，因此，收藏纸质文物的环境必须经常通风，还要严格控制通风时间及通风频率。另外，紫外线、红外线等过强的光线也会影响纸质文物保护工作的质量，所以文保团队应严格控制收藏纸质文物的环境的光照强度，并尽可能地消除紫外线，优化收藏环境。可以以茶色玻璃或毛玻璃为室内窗户玻璃的主要类型，照明灯以柔和色调为主。

综上所述，纸质文物以文字或图画的形式记载了历史文化与社会的发展进程。因此，纸质文物的保护与修复工作极为重要，文保人员应选择适合纸张性能与文物色彩的材料，采用合适的修复技术慎重小心地修复纸质文物，以实现对优秀文化的传承。

第三节　馆藏文物保护的举措

做好文物的保存工作，既能为研究提供基础，又能较全面地展示不同时代的历史文化。对于增强人民群众的文化信心具有重要意义，同时也对人们了解古代文明，提升文明素质很有帮助。鉴于文物的重要意义，应该主动改进其管理方式，使其更好地发挥作用。

提升博物馆文物保护方法的有效举措如下。

一、强化文物收藏与保护的基础设施

首先，文物的收藏与保护需要很高的环境质量，如果不能达到良好的保护条件，将会造成对文物藏品的二次损害，影响其历史研究和科学研究价值。为此，必须在当前的条件下，增加对博物馆的环境投资，改善其自身的硬件条件，并对其进行改造和提升。在此过程中，有关部门要起到牵头的作用，制定出具体的保护措施，并为文物藏品的保护提供专门的资金支持。

其次，要强化博物馆内部的硬件设施，积极引进防潮、防火设备等先进科技，以防止外界对文物藏品的破坏。

最后，加强对古建筑的监测，确保古建筑的安全性，并针对各种突发情况制定相应的应急预案。

二、制订文物收藏与保护计划

一是要对文物的历史背景、收藏价值等进行全面、深入、细致的了解，对其进行科学的测试，并对其进行定性与定量分析，通过对这些工作过程的梳理，可以为相关工作提出一些具体的建议，从而为做好这些工作打下良好的基础。

二是要保证博物馆文物收藏的持续、科学、精细化运作，提升文物藏品的收藏与保护的总体质量，就必须制订出相关的工作方案，并确定工作步骤，进行有目的的文物藏品的收藏与保护。博物馆要制定年度文保工作规划，确定对文物的收藏和保护的基本标准，按照有关规划制定出具体的预算，并主动申请专项经费。针对文保工作需求，配备专门的技术力量，对工作进行细致的分工，明确工作职责，并监督每一项工作，从而提升文物保护工作的效率，解决在文物保护工作中遇到的实际问题。比如，随着人们越来越关注文物的保护，文物的社会影响也在不断提高，为此，博物馆还要进行有一定社会影响力的文物保护宣传，举办多个主题的文物展示，并在不同的时间节点，针对不同的服务对象，设置不同的主题内容。

三、健全文物的收藏与保护制度

唯有建立健全的制度体系，制定出严谨的操作标准，并对其进行有力的督促和指导，才能促使各个部门切实地履行自己的责任，对文物收藏与保护工作进行有序优化，降低在文物保护与收藏工作中存在的各种危险因素，从而提升文物管理的总体水平。各地博物馆要根据博物馆藏品管理办法，完善自身的文物收藏与保护体系，制定收藏与保护工作程序，按时对保存下来的所有文物进行鉴别。

首先，改进文物保育工作的程序，构建文物核销、接收、鉴定和编目的基础程序，制定文物保育工作的规范，以减少文物损毁的发生。

其次，由于文物的收藏与保护涉及很多方面的工作，因此需要健全各种系统，其中就有装备维修系统，根据科技的发展，及时调整文物的管理方式，使先进装备维修系统能够起到更好的效果。

最后，要针对目前文物保护工作中所存在的问题，对现有的各种规章制度进行修改，构建健全的文物收藏与保护体系，定期邀请行业专家、法律顾问等对工作中存在的缺陷进行剖析，同时，要对新修订的制度进行宣传，让各个层次的工作人员都能按照文物收藏与保护的规定去执行，从而提升文物收藏与保护的科学水平。

四、建立文物收藏的信息服务平台

首先，利用信息化手段，构建以文物保护为核心的资料库，把所有种类的文物资料都记录在系统中，方便有关工作人员查询不同种类的文物资料，为以后的保护工作提供借鉴。

其次，要强化文物收藏管理的信息化建设。充分发挥各部门与信息化的作用，提升文物收藏的保护水平，比如，借助VR技术设计博物馆虚拟讲解员，对展品进行自助讲解。

最后，以信息化为基础，强化对大数据的发掘与应用，对于那些受关注程度高、被多次展出的文物藏品，应做好全方位的防护工作，以防止发生安全隐患；对收藏在仓库中的文物，应进行定期检查和管理，加强日常维护。

五、加强对文物藏品的认识

首先，举办各种类型的文物专题展览，使其更好地起到科普和普及的作用，使公众能够从这些展览中，更好地认识到这些文物的存在和发展，从而增强博物馆的社会影响，增强公众对这些文物的认识。

其次，要加大对文物藏品的宣传力度，博物馆的专业技术人员要积极地走进社区、学校、企业，开展文物藏品的宣传，使公众了解文物收藏的重要意义、特殊性。

最后，要利用新媒体来对文物收藏与保护工作机制进行改进，在新媒体的平台上，开通文物收藏与保护的联络通道，对国家的文物收藏与保护的制度进行宣传，与文物捐助者保持密切的接触，并适时地对文物保护的相关政策进行宣传，从而为更好地做好文物收藏与保护工作打下坚实的基础。

六、强化人才培训以推动人才队伍建设

首先，要提高员工的聘用标准，注重对候选人的心智和实际能力的考虑，保证高质量的员工能够被引进。

其次，要强化对员工的培养与引导。文物收藏的保护工作其实是非常复杂和专业的，所以，博物馆要定期开展有针对性的培训，根据文物保护工作中出现的新问题和新情况进行培训，促进其知识体系的完善和业务能力的提高。

最后，建立一支专业化的队伍，重视队员间的相互沟通和分享。同时，要加强新旧工作人员的配合，加强相互间的文化传承，以提高文化传承的实效。

七、加强设施建设，做好科学管理

社会发展越来越快，在科技信息时代下，博物馆文物管理中的文物保护需加强设施建设，积极引入先进设备，增强文物保护的现代化水平，开展科学有效的管理措施。对于博物馆的设施建设，可以从文物保护的基础设施、数字保护管理系统等方面考虑，博物馆作为文物存放的集中地，其基础设施建设包含很多内容，如存放场地、文物展示、馆内温度控制、环境建设等，都要进行严格的考察和强化。同时，加强数字管理系统的建设也很重要。博物馆可以建立数据库，通过采集文物信息，合理运用现代化技术，科学还原和保存文物的原貌，整合并展示文物资源，促进后期检索与收集工作的开展。利用数字化技术来对文物进行实时监控，增强文物的安全保护作用，提高博物馆文物管理中文物保护的效率。

八、健全文物保护制度，获取政府的大力支持

文物保护工作涉及多方面内容，如国家政策、技术、法律等，落实文物保护

工作，首先要健全文物保护制度，政府通过制定合理政策，增大对文物保护的支持力度。需要结合实际，深入分析当地博物馆文物保护中的现实问题，增大财政资金的支持力度，加强文物保护的政策法规的制定，明确并严格按照制度要求来开展相应的保护措施，提升馆内工作人员的责任意识，高度重视文物保护的制度内容，为文物展示和管理提供有效保障。

九、促进全民参与，积极宣传文物保护法

对于广大人民群众来说，文物是一笔共同的财富，社会中的每一个人都有义务与责任参与对其的保护，所以必须要提高自身的认知，积极了解关于文物保护的知识。对此，博物馆可以定期组织关于文物保护的知识讲座，给群众普及文物知识。同时，也可在社会中招募志愿者做文物讲解员，对文物保存情况、文物背后的内涵价值进行详细介绍，促进全社会积极参与文物保护工作中。作为博物馆的工作人员，还应主动学习文物保护的先进技术，在传统工艺的基础上结合现代科学技术，提高自身的专业技能，落实文物的日常维护。

十、实现数字化管理建设

数字化技术是对博物馆传统管理和运营保护的一种革新手段，可以为人们提供更鲜明的参观体验，进一步提高审美认知。通常博物馆内的藏品较多、人手较少，由于不同藏品的规格也不同，如果只是凭借传统的保存方法，无法全面、有效地管理藏品，通过借助现代化信息技术，可以促进博物馆藏品数字化管理系统的建立和完善，对藏品数据信息进行详细记录，方便工作人员进行借展、维护和保养，提高了藏品的管理效率。

通过构建全国通用的数字化管理系统，也可以实现藏品信息的互联性，推动社会资源和博物馆资源的有机整合，提高其社会价值。

在数字化系统中，所有文物都可以进行网络展示，利用近景摄影、三维建模等技术，实现文物的全方位展示。同时，每件文物在数字化系统中都有对应的编号和信息，若出现信息损坏、丢失，可利用系统及时进行复原。利用数字化也可以提高文物保护的安全性，进行文物外出展览时，利用全球定位系统，有效避免展览过程中发生意外；查询相关文物信息时，利用数据库快速进行查找，提高信息搜索的效率；进行文物修复时，利用数字技术进行文物数据的精确还原等。

十一、文物藏品的科学维护与保养

文物藏品的历史价值、艺术价值、科学价值都比较高，在对文物进行科学保护前，首先要了解文物的基本信息，如生产年代、颜色、出土时间、材质、内在价值等。文物保护的根本目的是防范外界因素对其破坏，开展文物保养工作也是为了延长文物的寿命。由于长时间受到自然环境的侵袭、人为破坏等影响，很容易导致文物发生物理或化学反应，从而被损坏，比如纸质文物、纺织类文物等。

在保养工作中，必须要根据文物的不同材质和类型，选择相适应的保养方式，充分了解各类文物的基本信息。作为博物馆的管理使用单位，必须要让专业技术人员开展季节性的全面巡查工作，切实掌握文物保存现状，加强对养护性设施的检查力度，观察建筑周边环境的变化及对文物的影响。在巡查检查工作中，主要包括对文物进行简易修整补配、维护整理、加固等内容。

总之，博物馆作为文物收藏和保护的一个主要组织，应该按照法律和规章来进行收藏和保护文物，健全有关工作体系，对文物收藏和保护工作的规范进行细化，对文物收藏和保护工作的重要性进行充分了解，努力提升文物保护管理者的职业素养，促进其有条不紊地执行工作。与此同时，对文物收藏和保护工作的特定工作模式进行进一步优化，将重点放在利用现代化技术来提升文物收藏与保护工作的效率上，从而提升文物的收藏和保护水平。

第五章　旅游文化的内涵、特征与构成

第一节　旅游文化的内涵

一、旅游文化的定义

旅游文化是旅游学的基本概念之一，是旅游学研究的重要内容。但在旅游学的基本理论中，"旅游文化"到底指的是什么？它都包含哪些内容？长期以来，人们对这些问题的认识一直比较模糊。我们通过总结国内外学者对旅游文化定义的研究成果，对旅游文化的内涵进行了分析。

旅游文化实际上是由客源文化、东道主文化和服务文化三种文化综合而成的，这种综合过程必须在旅游过程中才能得以实现，即旅游文化是在旅游活动和为旅游活动提供服务的过程中产生的。因此，我们可以给旅游文化下这样的定义：旅游文化是旅游者在旅游活动过程中形成的文化现象和文化关系的总和。

二、旅游文化内涵的体现

旅游文化内涵体现在以下几个方面。

（一）旅游活动是旅游文化产生的前提

旅游文化的产生和发展与旅游活动的产生和发展是同步的，没有旅游活动，就不会产生旅游文化。或者说，旅游文化是在旅游过程中产生和发展起来的。当然，旅游文化的内容是复杂而广泛的，它不仅包括旅游者在旅游过程中的文化表现和文化影响，而且包括为旅游者提供产品和服务的资源文化与服务文化的内容。因此，旅游文化是以旅游活动为核心而形成的。

（二）旅游活动本身就是一种文化现象

旅游活动本身具有文化属性，虽然它必须以支付必要的花费为前提——以经济形式表现出来，但从本质上说，"旅游者在旅游过程中追求的是文化享受"，个人经济能力在旅游活动中仅仅起保障作用，"文化和精神享受才是主要目的"。因此，旅游活动实际上是一种以一定的经济支出为前提的文化行为。

（三）旅游文化是一种融合文化，具有综合性

旅游文化是由客源文化、东道主文化和服务文化交流、融合而形成的一种独立的文化形态。这种独立文化的主体包括两部分人：一是旅游者，他们是客源文化的载体；二是旅游目的地的从业人员及其他与旅游者有间接接触的目的地接待人员和工作人员，他们是东道主文化和服务文化的载体。二者在旅游或为旅游者提供服务的过程中发生关系，共同促进了文化的交流，创造了旅游文化。因此，无论是从旅游文化的内容还是从旅游文化的形成过程来看，旅游文化都具有综合性。

（四）旅游文化是一种冲突文化，具有矛盾性

旅游文化是在不同文化的冲突中产生的，即使是在旅游文化内部，也同样存在着矛盾冲突。旅游者来自不同的地区和民族，其思想观念、生活习俗和行为规范等都必然带有其民族特色。在旅游过程中，旅游者虽然可以在一定程度上接受东道国的某些习俗和行为规范，但他们不可能完全脱离自己的传统文化习俗，实际上他们总是倾向于用自己的标准来判断所接触、观察到的各种文化现象。因此，旅游者在东道国是一个相对独立的群体。同时，为了尊重旅游者的民族习惯，满足旅游者的不同要求，很多东道国也会建设符合国际标准的接待设施。服务方面同样要求标准化，并与旅游者的要求保持一致或相似。这样一来，旅游系统就逐渐从该国或该地区的社会和自然生活中脱离出来，并且形成一个独立的阶层——旅游从业人员阶层。这部分人由于长期在特殊的环境中工作，逐渐形成了不同于当地社会的行为规范，如有较超前的意识，见多识广，注重仪容仪表，因有较高的收入而追求高消费等。这些行为规范都会与当地人的生活习惯形成很大的反差，从而使他们成为当地社会中的一个特殊群体。

在旅游文化的主体内部也存在矛盾和冲突，这主要表现在服务与被服务的关系中。旅游文化主体内部的两部分人——旅游者和旅游从业人员，分别来自不同的国家和民族，有不同的文化背景和价值观念，虽然旅游业已经形成了一些国际通行的惯例，但来自不同文化背景的人对此的认识会有很大的差异，东道国社会的文化也会与客源地有很多不同，这必然导致旅游活动中两个主体之间围绕服务与被服务的关系产生一定的矛盾和冲突，从而波及旅游文化的各个方面。

（五）旅游文化因主体背景而异，具有多样性

旅游者来自世界各地，分属于不同的文化区域，他们的足迹几乎踏遍地球的每一个角落，与各种不同的东道国文化相融合。因此，虽然旅游文化在空间上存在于整个人类社会，但不同区域的旅游文化却有着不同的表现和特征。同时，由于旅游文化有着不同的主体，并且不同的主体在旅游文化中所扮演的角色不同，因此通过不同的主体表现出来的旅游文化也有较大的差异性，这些都体现了旅游文化的多样性。

（六）资源文化是旅游文化的重要内容

资源文化作为东道国文化的重要组成部分，是旅游文化的核心内容。它与通过旅游者和旅游从业人员体现出来的旅游文化有所不同，后者是在旅游过程中通过服务与被服务以及旅游过程本身体现出来的，而资源文化是在旅游开发过程中显现出来的。其中，自然旅游资源的文化特征主要体现为艺术性和美学价值，人文旅游资源则体现了接待地的传统文化和人文精神，反映了东道国文化的区域性，是东道国文化与客源地文化交流与融合的重要内容。

人文旅游资源的文化特征既与东道国或接待地的区域性和民族性有关，也与资源的种类有关。例如，同样是民俗资源，在不同的地区却有不同的表现。以我国的春节为例，北方的过节习俗与南方特别是南方少数民族的过节习俗就有很大的不同。再如，同样是园林，我国的江南园林与北方园林无论在结构布局上还是在艺术特征上，都有很大的差别。不同种类的旅游资源在文化内涵上的差异更大。人为的开发过程——对旅游资源种类的选择、开发的质量，以及开发者的观念等对旅游文化的形成同样具有不可忽视的作用，其甚至可以影响区域旅游文化的整体内涵。

三、旅游文化的分类

旅游文化的内涵十分丰富，外延也相当宽泛。一般认为它是由旅游主体文化、旅游客体文化与旅游介体文化共同组成的物质财富与精神财富的总和，由景观文化、服务文化和审美文化三个层次的内容构成。旅游客体文化是旅游文化的基础，也是旅游业赖以生存和发展的依托。从旅游客体的构成来看，旅游客体文化可分为旅游山水文化、旅游聚落文化、旅游园林文化、旅游建筑文化、旅游宗教文化、旅游民俗文化、旅游饮食文化、旅游诗词文赋文化等。从旅游主客体与旅游介体行为角度来看，分为旅游消费行为文化、旅游审美文化、旅游企业文化、旅游经营文化、旅游管理文化等。

（一）旅游主体文化

旅游主体文化指旅游者在旅游过程中形成的一套相对独特的观念和行为模式。旅游主体文化与旅游者隶属国度、民族的文化形态、文化素质、职业和经济状况、心理、性格爱好、生活方式、消费习惯有关。旅游主体文化具有鲜明的地域民族性，并具有不同的文化价值观，主要包括旅游主体的消费文化、审美文化和休闲文化等内容。

（二）旅游客体文化

旅游客体的旅游资源是旅游业赖以生存和发展的物质基础与条件。自然旅游资源和人文旅游资源体现出的不同美学价值就是旅游资源的文化内涵。这种美学价值就是吸引旅游者的最基本条件。狭义的旅游客体文化即旅游资源文化。对于中国旅游文化来说，山水文化、聚落文化、园林文化、建筑文化、民俗文化、饮食文化、诗词文赋文化、书画雕塑文化、花鸟虫鱼文化等都是旅游客体文化的"原材料"。广义的旅游客体文化还包括旅游设施和旅游产品文化。旅游客体文化是相对于旅游主体感知而言的，游客只有懂得审美，才会欣赏旅游客体的美，才可获得旅游的乐趣。

（三）旅游介体文化

旅游介体是帮助旅游主体顺利完成旅游活动的中介组织，即向旅游主体提供各种服务的旅游部门和企业，如旅行社、旅游饭店、旅游交通等。相应地，旅游介体文化就包括旅游行业文化和旅游企业文化。形成旅游行业文化的主要途径有健全有关行业管理的行规会约、营造有利于旅游企业健康发展的外部环境和合理规划旅游企业的布局、规模和风格。旅游企业文化包括旅游企业价值观、旅游企业道德、旅游企业精神、旅游企业经营管理作风和旅游从业者的文化人格等。

旅游介体文化是旅游主体文化和客体文化的媒介，是主客体文化交互的桥梁。在旅游活动的全过程中，旅游介体文化起着重要的作用。没有旅游介体文化，旅游主客体文化就无法交流。旅游介体与旅游主体、旅游客体三者之间相互依存、相互制约、紧密结合，共同构成了现代旅游业这一复杂的综合体。

第二节　旅游文化的特征

旅游文化具有双向扩散性、民族性、地域性、大众性和传承性特征。

一、双向扩散性

旅游文化是一种移动的传播文化，不同地域的文化随着旅游主体的运动而漂移和扩散。在旅游主体的移动中，他们都会自觉或不自觉地将其所负载的客源地文化、民族文化以及个人的思维方式、价值观念、行为方式等传播给目的地，强烈地影响着目的地文化。同时，旅游目的地的异质文化又强烈地吸引和反作用于旅游主体，旅游主体返回旅游客源地后，旅游目的地文化便被带入旅游客源地，并对旅游客源地文化造成某些影响。

二、民族性

不同民族的旅游文化的表象和内涵是不同的，常常呈现出较大的民族差异。以旅游主体的旅游性格为例，一般说来，多数东方旅游者较为内敛稳健，而多数西方旅游者则较为外向、好冒险；东方人重视旅游的内心体验，而西方则钟情于旅游的外在观察；东方人倾心于旅游的道德塑造功能，富于人文情怀，而西方人则看重旅游的求知价值，充满科学精神。正是由于旅游文化民族差异的存在，旅游主体才会对旅游目的地的风俗人情产生强烈的好奇，纷纷尝试在文化的反差中体验和感受异质文化的独特韵味。

同时，也正是由于旅游文化民族差异性的存在，才使得一个民族在同其他民族的比较中凸显出自己的民族特色，从而在旅游活动中焕发出独有的魅力，增强旅游吸引力。因为，民族的东西越独特，文化的流传越久远。

三、地域性

地域文化的不同是旅游产生的一个基本条件，也是造成旅游文化地域差异的根本原因。首先，旅游文化的地域性表现在旅游资源空间分布的差异上。东北、华北、西北、华东、华中、华南等都在地域上显现出不同的特征，并以其背后蕴含的独特文化魅力吸引着旅游者。其次，旅游文化的地域性还表现在旅游动机的差异上。一般说来，经济发达地区的旅游者总是乐于前往经济相对落后的地区旅游，对文化的原始状态充满向往；而经济不发达地区的旅游者却对经济发达地区情有独钟，对文化的现代化充满憧憬。最后，旅游文化的地域性还表现在不同区域的文化传统的差异上，如一些地区文化在建筑、装潢、遗址、遗迹、风俗、服饰、发饰、饮食、语言、思维、行为方式、精神风貌等方面有独特的耀眼的光彩，从而同其他的文化区别开来，成为独具魅力的旅游景致。

四、大众性

随着社会生产力的发展，人们生活水平的提高，旅游已经成为人类社会的基本需求之一。在一定的意义上来说，现代旅游就是大众旅游，现代旅游文化就是大众文化。当然，我们说旅游文化呈现出大众性，并不是说旅游文化只包括低级层次的俗文化，而将精英文化、雅文化拒之门外。相反，旅游文化应该是雅俗共赏的文化复合体。我们之所以强调旅游文化的大众性，原因在于：第一，旅游文化的"大众化"特点同"精英化"特点相比具有更多的普遍性；第二，旅游文化必须面向社会大众，适应时代和社会发展的需要，不能"曲高和寡"，忽视大众旅游的需求。否则，旅游活动，特别是旅游开发和旅游经营活动必将"门庭冷落""高处不胜寒"，给旅游业的发展带来不利影响。

五、传承性

旅游，作为现代生活的一部分，早已成为人们放松身心、享受生活的重要方式。而在旅游的背后，是深厚的文化底蕴，承载着丰富的历史和传统。这种传承性，使旅游成为一种跨地域、跨文化的交流方式，也为世界各地的文化传承提供了新的可能性。

（一）旅游文化的历史传承

旅游文化的传承性，首先体现在其历史积淀上。每个地方都有其独特的文化传统，这些传统在历史的长河中不断演变，逐渐形成了具有地方特色的旅游文化。无论是古迹遗址、民俗风情，还是美食特产，都是旅游文化的重要组成部分。游客在游览的过程中，不仅能欣赏美丽的风景，还能感受当地文化的独特魅力。

（二）旅游文化的地域性传承

旅游文化的地域性，是指每个地区都有其独特的旅游资源和文化特色。这种特色，正是旅游文化得以传承的关键。旅游者在参观的过程中，会接触到不同的地域文化和传统，进而了解到各地的历史和人文风情。这样的体验，不仅能够丰富他们的生活，还能加深他们对不同地域文化的理解。

（三）现代旅游对传统文化的保护与传承

随着旅游业的发展，越来越多的传统技艺和文化遗产得到了保护和传承。许多古老的建筑、手工艺品、民间艺术等，在旅游业的发展中得到了保护和推广。同时，现代的旅游方式也为传统文化的传承提供了新的可能性。例如，通过举办各种文化活动、民俗表演、手工艺品制作等，让游客亲身参与到传统文化的传承中来，从而加深他们对传统文化的理解和认同。

总之，旅游文化的传承性是跨越时空的交流与共享，它不仅体现了人们对美好生活的追求，也是对传统文化的保护和传承。未来随着旅游业的不断发展，旅游文化将会更加丰富多元，为世界各地的文化传承提供更多的可能性。

第三节　旅游文化的构成

作为一门学科，旅游文化学应具有系统性，即把各种旅游文化内容全部纳入微观和宏观两极系统。微观系统以旅游者文化为核心，辅之以旅游地文化和旅游媒介文化；宏观系统以旅游环境文化为核心。旅游文化系统以旅游文化过程、旅游文化结构为切入点，对旅游文化进行功能解析，不仅要研究旅游者与旅游地之间的文化交流，还要对旅游文化的发展趋势做出描述和总结，更要拟定旅游文化发展战略以指导旅游文化建设，解决旅游文化变迁发展中存在的问题。所以，旅游文化学的基本框架可以从以下三个方面进行搭建：旅游者文化、旅游地文化、旅游业文化。

一、旅游者文化

旅游者文化是旅游文化的子文化，也是旅游文化的核心文化。旅游者是旅游活动的主体，其在旅游过程中会形成一套相对独特的观念和行为，或者称为一种文化形态，即旅游者文化。旅游者文化涵盖甚广，主要包括旅游动机文化、旅游行为文化和旅游消费文化。人们的社会性需要以及好奇心是产生旅游行为的内在驱动力，也可以说是客观条件，如果不具备一定的客观条件，人们的旅游行为最终也不会发生。这种内在驱动力就是旅游动机，也是研究旅游者文化的切入点。从社会学的角度来讲，旅游者是一个社会角色。一旦某个人成为旅游者，那么他的行为在一定程度上就会有别于其在日常生活中的行为，也就是说他必须遵从一定的行为规范。旅游者如何受到来自所属地区群体内部规范的制约，是旅游行为文化研究的内容。旅游还是一种文化消费活动，旅游者在旅游过程中的消费行为是旅游文化的重要表现，是反映旅游文化盛衰的"晴雨表"。

（一）旅游动机文化

旅游动机就是促使人们离开居住地外出旅游的内在驱动力。旅游动机是推动人们进行旅游活动的内部动力，具有激活、指向、维持和调整的功能，能启动旅游活动并使人们朝着目标前进。从研究结果来看，个体的年龄、职业和家庭人均收入，会直接影响个体的旅游动机文化。首先，不同年龄的人，他们所处的生活环境不同，所扮演的生活角色不同，社会化的程度不同，因此他们的心理和行为存在很大差异。其次，从事不同职业的人，其工作性质和经济收入不同，因此他们具有不同类型的旅游动机文化。例如，个体工商业者、采购员、销售人员、企业管理者等，他们经常要到各地进行商务活动或参加各种会议，旅游的机会和经历较多，因此他们比从事其他职业的人有更强的旅游动机，工作和广义的旅游密切结合在一起。最后，家庭人均收入不同的旅游者，旅游动机文化也有显著的不同。旅游动机来源于旅游需要，而旅游需要的产生和发展要求具备安定的社会条件和良好的经济条件；同时，已经产生的旅游需要，想要转化为旅游动机，必须在经济繁荣的条件下充分开发旅游资源，完善旅游设施，提高服务质量。

（二）旅游行为文化

1.旅游行为文化模式

旅游行为文化模式是对旅游活动空间的描述，它包括三个基本概念：节点、连接节点的路径以及沿路径移动的旅行方式。旅游行为文化模式主要有五种，即点状模式、线形模式、基地模式、环形模式、链式模式。

2.跨文化旅游行为

旅游是一种特殊的文化交流活动。旅游已成为跨文化交流的一种方式。然而，在跨文化交流中文化冲突常常会发生，这主要是因为不同文化之间存在差异。这种差异表现在各个层面，包括世界观、价值取向、文化传统、心理因素、行为规范、社会地位、角色关系、交际场合等。

（三）旅游消费文化

随着人们旅游消费行为的改变，世界旅游业开始迈进新的时代。旅游业的各个环节都具有新的特点。旅游消费主体的年龄结构发生了改变，中青年所占的比例逐步增加。当代旅游需求还具有另一个鲜明特征，那就是旅游者渴望参与的意识越来越强烈。追求淳朴、回归自然、享受自然的旅游动机在世界范围内得到强化，生态旅游、乡村旅游、海洋旅游、探险旅游方兴未艾，成为世界旅游发展的潮流。

二、旅游地文化

旅游地文化是指一个地域（国家、城市、风景区）的文化，包括自然地理条件、社会人文背景以及文化氛围和文化脉承，是自然地理基础、历史文化传统和社会心理积淀的三维时空组合。旅游地文化是一地之"本"、一地之"神"、一地之"韵"和一地之"格"，是一个地区旅游形象的标志。例如，美国迪士尼乐园因为紧紧抓住了美国爱好探险和幻想的国家文化特质，成为许多外国游客赴美必游的景点。

（一）自然旅游文化

（1）对自然的审美活动是旅游文化的源头。

（2）对自然的哲学思索影响和促进了旅游文化的发展。旅游文化是自然观的反映，在两者的关系中，自然是源，旅游文化是流。

（3）自然观的不同导致了旅游地文化的不同。影响旅游地文化形成的因素有很多，但自然环境（如山水、气候、动植物等）的影响是最基本的。

（4）研究自然观的演变，有助于探索旅游地文化的深刻内涵。不同地域、不同民族对自然的审美不尽相同，并且随着时间的推进而不断修正和完善。因此，要深入了解旅游地文化，就必须积极探索自然观的发展脉络。

（二）人文旅游文化

人文旅游文化是建筑、饮食、文学艺术等旅游文化载体表现出来的静态的旅游文化。旅游文化是人文景观的灵魂，如何充分挖掘出人文景观所蕴含的旅游文化，对一个景观的发展具有重要意义。但旅游文化毕竟是一种精神产品，要想把这种精神产品表现出来或者传递给旅游消费者，必须借助一定的载体对旅游文化进行恰当的物化。可以说，对旅游文化进行物化的过程就是寻找旅游文化载体的过程。

对旅游文化的研究可以从宏观和微观两个方面展开。宏观研究大多"集中于对旅游文化的概念、特征、内容及结构体系等基本理论问题的探讨"；微观研究则"高度重视对诸如建筑、园林、宗教、民俗等人文旅游资源文化内涵的分析"。许多旅游规划师发现，要想深入挖掘和恰当表现某个人文景观的旅游文化是一件非常困难的事情，这在很大程度上是因为我们忽略了旅游文化是通过特定载体表现出来的这一事实。旅游文化问题从本质上看就是旅游文化载体问题，通过对旅游文化载体的考察，我们可以把复杂的旅游文化现象置于一种可以量化的标准之下，这样有利于我们全面认识人文景观的旅游文化，从而促进人文景观的可持续发展。

（三）社会旅游文化

社会旅游文化是民俗、社会制度等旅游文化载体表现出来的动态的旅游文化。社会旅游文化更多地体现了旅游接待地居民鲜明的文化态度和对旅游者文化的持续影响。

旅游在客观上起到了促进不同地区、不同民族乃至不同国度文化之间相互沟通的作用。与其他文化的交流方式相比，社会旅游文化的交流方式优势十分明显：首先，它是一种人群之间的直接交往，而不是以文字、有形物品或者个别人为代表的间接沟通或信息传递；其次，社会旅游文化体现了各种社会文化现象的交叉和渗透，其中不同文化主体间的沟通内容涉及甚广，几乎无所不包；再次，社会旅游文化交往是人类的和平交往，是人类文化理想的交流方式；最后，以社会旅游文化为媒介的对外文化交流虽然离不开政府的参与，但主要是一种民间文化交流活动，这种民间活动常常能发挥正式外交活动所不能发挥的作用。接待地通过发展社会旅游文化，一方面可以了解其他人，促进人类整体和世界大同观念的形成；另一方面可以宣传自己，树立自己的良好形象。

三、旅游业文化

旅游业文化是指各类旅游企业和旅游部门在提供旅游产品的过程中所创造出来的各种现象和关系，主要包括旅游组织文化、旅游中介文化、旅游交通文化、旅游住宿文化和旅游网络文化。旅游业的各个组成部分之间互相关联，不仅提供旅游产品，而且相互作用、相互影响。旅游业文化就是在这种复杂的关系中产生的。

（一）旅游组织文化

旅游组织文化包括旅游政府组织文化和旅游民间组织文化。旅游组织文化因政府组织和民间组织在旅游文化中的主导地位的不同而有所区别。

（二）旅游中介文化

旅游中介文化是指旅行社文化，具体包括旅游代理商文化、旅游批发商文化和旅游零售商文化。旅游中介文化对旅游者的行为决策具有重要影响，主要体现在三个方面：一是旅游者对旅游目的地的感知印象；二是旅游者的旅游偏好；三是旅游者旅游效益的最大化。旅游中介文化对旅游者的时空行为也会产生影响。比如，为了在最短的时间内让旅游者获得尽可能多的游览经历以获取更多的利润，旅行社有可能利用自己熟悉目的地等优势将旅游行程安排得非常紧凑，相对于每个景点而言，旅游者的游览时间比原来缩短了，在途时间将会发生改变。此外，旅游中介文化对旅游者的消费行为和心理活动也会产生影响。

（三）旅游交通文化

旅游交通文化是指旅游者前往旅游目的地的过程中（包括旅途中），访问中间站点时所产生的文化现象。一个地区旅游文化的发达程度与交通文化的发达程度是密切相关的。也就是说，一个地区的旅游交通文化越发达，该地区的旅游文化越发达。旅游交通文化在旅游文化发展过程中往往起到先锋作用和促进作用。

（四）旅游住宿文化

旅游住宿文化是指因过夜游客在旅游过程中的住宿经历而产生的文化现象。旅游消费属于文化消费，文化意识是旅游住宿文化的重要特点。旅游消费的感性化倾向和住宿业市场竞争的加剧，决定了旅游住宿文化必须突出个性化。同时，住宿客人的异地性决定了旅游住宿文化必然具有跨地域性，因此应特别注意国际文化的沟通和交流。

（五）旅游网络文化

网络是旅游业文化在当今世界迅速传播的重要载体。旅游网络文化的构建主体是旅游企业。旅游信息通过互联网在旅游者之间扩散，这使得旅游文化从虚拟的空间中释放出来，转变成为现实的文化产品。旅游网络文化的构建需要政府的扶持、行业的推动、企业的参与和游客的传播。

第六章 旅游文化传承的多维探索

第一节 旅游资源开发中历史文化的传承

旅游是一种综合性极强的产业，包括食、住、行、游、购、娱等基本要素，涉及经济生活、交通、环境、文化等各方面。其中，文化已经成为旅游发展的灵魂。伴随人们生活观念的转变，旅游业的发展越来越受到各级政府的重视，特别是对于那些拥有历史文化资源的地区。政府及相关企业都希望通过对历史文化资源的挖掘和开发，将历史文化价值转变为经济价值、文化价值。

一、历史文化旅游资源概述

（一）历史文化旅游

历史文化旅游是文化旅游的一个重要分支，表面意思是指涉及旅游目的地历史人物、历史事件和各种遗迹的旅游，更深一层意思是指旅游吸引物所蕴含的文化内涵。历史文化旅游是旅游者在旅游过程中收获实质性知识最有效的方式之一。它可以为旅游者提供大量的历史与科学知识，这正是吸引游客的重要因素。历史文化旅游是体现历史文化价值观念的最佳载体，它具有强大的文化传播功能，可以传播旅游目的地有价值的宝贵思想。

（二）历史文化旅游资源

文化旅游资源可以有不同的分类方式，按时间要素可以把文化旅游资源划分为历史文化旅游资源和现实文化旅游资源。历史文化旅游资源是指开展历史文化旅游活动所涉及的各种旅游资源。

历史文化旅游资源可依据存在形态分为有形的显性文化旅游资源和无形的隐性文化旅游资源，比如古建筑物、古遗址遗迹、博物馆，以及山川河流等实物遗存属于有形的显性文化旅游资源；无形的历史文化旅游资源主要是以精神形式表现，如民俗、语言和其他宝贵的无形资产。

二、历史文化对旅游的推动作用

"文化因素渗透在现代旅游活动的各个方面，文化是旅游者的出发点和归结点，是旅游景观吸引力的渊薮，是旅游业的灵魂。"要想发展旅游不能就旅游谈旅游，而应该把与旅游相关的东西全都整合起来。随着游客文化素质的不断提高，游客的欣赏水平也在发生着变化，从之前的走马式旅游进入到另一种深度旅游的状态，这种状态下既包括对风景的游览，同时要求体验到独特的文化。游客想通过一种方式深度融入当地社区中，与社区居民互动以期能够真正体会到文化的特色。在参观历史文化资源的时候，除了对辉煌宏大的建筑感到震撼，更注重对历史事件的了解，以此达到学习或教育的目的。历史文化赋予旅游新的内涵。旅行的最终目的在于通过参加旅游活动来获得知识，而旅游过程中的知识来源主体就是历史文化，足以见得历史文化对旅游的巨大作用。

历史文化是一种独特的旅游资源，其厚重的文化底蕴和独一无二的稀缺性带来的精神享受是其展现自身价值的关键。研究旅游文化不能只停留在关注旅游文化的现象和问题上，要构筑旅游文化体系与旅游文化的多元结构，只有这样才能发挥出旅游文化在旅游业和社会发展中的作用。旅游文化不是旅游和文化的简单相加，更不是各种文化的大杂烩，它是传统文化和旅游科学相结合而产生的一种全新的文化形态，是一个完整的文化体系。对于旅游文化来说，其他各种文化都是"原材料"。在旅游活动中，旅游者头脑中原有的思想观念、心理特征、思维方式等文化因素与目的地的异质文化因素的相互碰撞与结合，逐渐形成一种新的文化形态。将旅游与历史文化相结合是一个长期过程，需要形成一个完整的旅游文化体系，将旅游与文化相互渗透、相互结合以达到最优效果。

三、旅游资源开发中传承历史文化的原则

（一）尊重历史原则

我国是一个历史悠久的文明古国，在历史发展的长河中孕育了博大精深的中华文化。历史文化资源的开发需要开发者在尊重历史、尊重文化的前提下进行开发。不能单纯为了经济利益而开发，在注重经济利益的同时应该注重其文化价值、科学价值等。尊重历史是进行旅游资源开发遵循的首要原则。

（二）真实性原则

在进行旅游资源开发的过程中，应该保持最原始的历史。原始的历史既是旅游吸引物，同时也能够起到教育作用。保持历史的原真性意义重大，不论对于旅游发展还是历史研究，都应该遵循历史的真实性原则。历史文化与旅游存在着密切的联系，历史文化是旅游发展的支柱，是旅游活动进一步扩展的内核，旅游则是传承历史文化思想价值的最佳载体。

（三）保护性开发原则

与传统旅游资源的开发方式不同，历史文化旅游资源的开发是一个紧密衔接的过程，历史文化资源在得到开发后需要继续进行修缮，以保持其历史文化价值。具有历史意义的旅游资源在得到开发后，随着游客的不断进入会对景区资源造成一定的破坏，这种破坏可能是显性的也可能是隐性的。历史文化资源或具有历史意义的旅游资源在得到开发时应该秉持保护性开发的原则，既能使其产生经济效益，同时也能够保持其原有的历史文化价值。

四、旅游资源开发中传承历史文化的策略

针对历史文化遗产的旅游开发，需要加强保护意识和完善开发制度，更重要的是要找到一个有效的途径来解决人与历史文化遗产的关系，这就要使历史文化保护与经济利益协调发展。

（一）通过旅游增强文化自信

旅游的开展在向游客展示历史文化面貌的同时，也是当地人认识本地特色的

机会。通过游客对当地一草一木的重视，可以引发当地人的自豪感，从而更积极和主动地挖掘本地旅游资源的文化内涵，从根本上解决缺乏公众参与的问题。

（二）通过旅游活动传承民族文化

在旅游开发中，将旅游项目开展与地方建筑文化、历史文化相结合，不仅能够扩大当地建筑文化的影响力，更好地保存建筑文化传统，还能为传承历史文化创造物质载体，提供物质支持。两者相辅相成，在互相促进中共同发展。

（三）平衡历史文化旅游资源开发与保护的关系

景区在利用历史文化旅游资源时，需要兼顾开发与保护工作。

1.预防重于管制

景区要树立"防"重于"治"的观念，做到防患于未然，而不是遇事才解决。例如，景区可将散客组成队，由专业人员带领参观，时刻提醒游客哪些重要文物需要小心保护。同时，景区内应贴好警示标语，以免游客误伤文物，造成不必要的经济损失。此外，景区可以为游客颁发打卡任务奖励，使那些静心浏览且没有污染或破坏景区的游客能够在打卡后得到景区发放的纪念礼物。这样既能激励游客文明游览，又能为游客增添旅行的乐趣，一举两得。

2.注重自然资源保护

自然地貌也是历史文化资源的一部分。但人们往往对遗迹、古建筑等具有很强的保护意识，对附近的自然资源较为忽视，有的人甚至错误地认为植物可以靠后天栽种来弥补损失。

（四）加强旅游人才培养

旅游人才需要具备完善的历史知识体系，并了解哲学、文学、社会学等内容，这样才能为游客提供更专业的服务，传播正确的旅游观念，帮助游客树立保护景区的理念，号召更多人加入保护景区的行列。因此，相关部门应加强对旅游人才的培养，并对现有的旅游从业人员开展培训，以切实提高旅游人才的综合素质和专业能力。

总而言之，历史文化旅游资源是一种难得的宝贵资源，在其开发的过程中，相关部门要有针对性地开发利用这些资源，并在保护文化的基础上通过整合旅游资源和完善服务建设，推动区域的经济发展，有效释放历史文化旅游资源的魅力。

第二节　旅游资源开发中非遗文化的传承

一、旅游资源开发中非遗文化传承的原则

非遗旅游产业文化成功传承是保护非遗的有效途径，更是实现非遗旅游产业长期发展的根本途径。但一旦传承不当，则必然将导致部分非遗遗失于历史中。在非遗旅游产品打造过程中，必须始终坚持非遗的文化内涵，否则非遗将面临着失真，甚至是灭绝的危险。因此，在非遗传承中必须遵循一定的原则，才能实现文化与经济的共赢。

（一）可持续发展原则

旅游资源中进行非遗文化传承，必须坚持可持续发展的原则。不同于其他产业，非遗旅游文化传承过程中，由于非遗的脆弱性，如果不坚持对于非遗文化内涵的保护，容易导致其受损，难以修复。以瓯绣为例，作为温州市刺绣技艺的重要代表，其传统技艺是历史文化的重要体现，但是很少有人愿意主动继承这项技艺，传承者越来越趋向"学院派"，这样的传承路径也就渐渐失去了非遗发展的本质属性。因此，对于非遗旅游资源的开发传承，必须坚持可持续发展的原则，进行适度传承，通过非遗旅游产品，满足游客的精神文化需求，在提升游客的旅游体验的同时，给非遗项目带来经济收益，促进非遗的传承与发展。

（二）融合发展的原则

非遗保护和发展要紧跟时代，在尊重历史性和传统性的同时，要善于利用新技术，积极创新新机制。融合发展的关键在于多元素融合。将非遗文化与旅游资源相融合，才能获得非遗文化传承的经济基础、文化动力。同时，要注重将非遗

保护与网络科技相融合，将虚拟现实技术应用到非遗展示当中，营造非遗创作环境，让游客参与非遗创作过程，给游客带来更好的旅游体验。

（三）原真性发展原则

非物质文化遗产传承过程中必须坚持原真性发展原则，保护非遗的历史文化价值与独特内涵。在利用现代技术手段进行非遗文化传承中，必须注重原真性，要杜绝"伪民俗""伪遗产"等现象的出现。以瓯绣工艺为例，其独特的历史人文价值是在手工古法下形成的，如果用现代刺绣机械替代人工进行全部的步骤，将使其丧失独特的文化价值。坚持原真性的发展原则，就是坚持保留其原有内涵。值得注意的是在对非遗旅游产品的设计中同样要遵循本真性原则，进而使产品内涵同文化内涵趋于一致。

二、旅游资源开发中非遗文化传承的对策

（一）资源保护：深入挖掘非遗旅游资源，丰富历史文化街区内涵

坚持保护在先，夯实非遗资源基础。联合国教科文组织通过的《保护非物质文化遗产公约》指出："'保护'指采取措施，确保非物质文化遗产的生命力，包括这种遗产各个方面的确认、立档、研究、保存、保护、宣传、弘扬、承传（主要通过正规和非正规教育）和振兴。"可见，"保护"是一项系统的文化工程。历史文化街区改造与旅游资源开发要注重保护"原真性"和"场所精神"。真实性是历史文化街区改造的目标，也是旅游资源开发的立足点和竞争力。在进行历史文化街区非遗文化传承时，要把真实性原则一以贯之，而其真实性原则体现在两个方面。一方面是非物质文化遗产的"原真性"。历史文化街区的更新改造，必须建立在对于非遗技艺、人文环境保护的前提下进行，需要进一步改善强化非遗的整体"原真性"。另一方面是非遗文化的"场所精神"，即历史文化街区改造传承不仅仅局限于历史建筑、历史物品、形态风貌等物质形态，也要对建筑文化、民俗活动、原住民生活方式等呈现文化内涵和精神世界的要素进行保护，使历史文化街区整体精神风貌和历史文脉得以传承发扬。首先，要做好非遗的评估和甄别工作，对那些濒危的珍贵遗产应列为优先抢救和保护的对象，对已列入各级名录的文化遗产应通过文字、图像等手段进行真实、全面、系统的记

录。其次，建立健全传承人保护制度。加大资金投入，兴建传习场所，扩大传承人范围。对已列入非遗代表，授予相应称号，进行表彰资助，使非遗传承后继有人。

（二）产业开发：丰富传承载体优化体验，促进文旅融合产业升级

1.全面提升"传统技艺和创新创造相融"的非遗传播载体

将传统非遗技艺与现代旅游相结合，与当代技术相融合，打通"古""今"壁垒，使非遗旅游更具吸引力。一是在传承方式上加强创新。从师徒相传、家庭作坊式的传承方式，转变为更高效的现代文化传播模式，如成立个人工作室进行教学、展演等，与高校建立长期合作，提升技艺技法专业化程度，由政府部门通过授予荣誉称号、明确扶持政策、建立人才库等，壮大人员队伍。二是宣传方式上加强创新。利用好新媒体新媒介，建立非遗专场直播间，加强互动宣传，拍摄适合主流平台传播的非遗短视频，拓宽宣传渠道。三是在产品形式上加强创新。将传统技艺与现代元素结合，打造符合现代审美、适宜现代生活需求的非遗文旅产品。

2.持续打造"非遗+文创"的产业化平台

通过构建完善文化产业生态链系统，集聚非遗传承人、创意设计、动漫设计等人才，以全产业链式集设计、包装、渠道、营销、推广、资本运作为一体的运营管理品牌，促进文创消费。同时鼓励各非遗保护单位进行"非遗+文创"的产业化发展，出台政府扶持奖励政策，聚焦各类非遗项目，打造文创品牌。

3.开发地域民俗风情旅游线路

围绕非遗旅游资源分布和不同类别，开发美食、建筑、工艺、曲艺等不同主题的民俗旅游线路。同时，结合现代文化创意，进行非遗文创产品开发，将传统工艺与现代美学和时尚元素结合，开发特色工艺品、服饰等文创旅游产品，从总体上提升文化旅游产业的区域辐射力和软实力。

（三）可持续发展：整合社会参与力量，实现活态传承提档赋能

非遗来自人类的生产生活，更服务于人们的生活，脱离人民群众的非遗难以长期持续存在，因此必须加大对于非遗的展示，让民众了解非遗、热爱非遗并参与保护非遗。现阶段，温州市有不少博物馆、文化馆等都进行了非遗作品的展

示，但仅仅依靠这种博物馆式的保护，还难以让非遗获得持久的发展动力。为了非遗的可持续发展，必须整合社会力量共同参与，才能获得崭新的生机。

1.激发社会力量

政府要构建民众参与传承保护非遗文化的制度办法，完善社会参与机制路径，实现政府、社会、民众的多方联动。比如推动非遗进社区活动，通过民众参与非遗、了解非遗，为非遗发展获得坚实的群众基础。鼓励民间力量参与非遗保护，鼓励设立非遗保护基金，对于濒临消失的非遗进行保护。同时，鼓励民众建立非遗保护组织，通过志愿活动宣传非遗、传承非遗，增添社会力量对文化遗产的保护和传承。充分发挥民间力量和作用，形成政府主导、社会参与和多方支持的保护和传承格局。

2.培育宣传队伍

逐步壮大"爱非遗、能说课、会指导"专项志愿者队伍。以社区（村）为重点，企业、学校、景区等为延伸，进一步挖掘本地志愿者力量，健全"专项志愿者等级认证制度"，保障志愿者非遗传播能力，志愿者专项水平质量。通过新增定向委培专项服务志愿者、社会招募专项服务志愿者，扩大志愿者队伍，提升志愿者专业水平。同时，面向旅行社的导游，开展非遗志愿者的培养，把游客作为非遗项目的体验者，在景区开展非遗体验活动，起到更好的对外宣传效果。

3.建设非遗阵地

建立打造传承人技艺的"百工一条街"，通过场景还原的形式串联起各个非遗项目，整合成为集中的非遗旅游新景点，提供沉浸式的行、玩、看、学、吃全方位的非遗旅游新体验。面向学生开设"非遗学堂"，开发"非遗研学"旅游项目，定期邀请传承人来到展馆给学生们提供简单易学又富有趣味性的非遗免费教学课程，让孩子感受传统技艺的精巧，学习工匠精神。深化"非遗进校园"系列项目，紧密与学校合作，加强未成年人对非遗的兴趣和了解。通过政策扶持和引导，鼓励本土旅行社推出非遗项目旅游产品，根据目标市场进行个性化体验设计，树立旅游商品的品牌形象、依托地域文化提高旅游体验质量，逐渐促进非遗旅游趋于成熟。

第三节　旅游文化传承的纪念品创新策略

随着我国经济的快速发展和人们消费观念的转变，旅游业的发展呈现出一片欣欣向荣的景象。旅游已经成为一种生活方式，成为一种文化时尚，旅游购物也已成为人们重要的文化消费方式。旅游纪念品因其作为人们美好回忆的承载体而受到人们的热情追捧。

纪念品作为一种地域符号，指的是能反映旅游地地域文化特色，具有极强的纪念性，能使旅游者回忆起某地、某事及某次旅游经历并易于携带及保存的工艺品。

一、特色纪念品带动区域旅游业发展的困境

旅游景区或景点应该是旅游纪念品消费的"主战场"，然而旅游部门的一项统计数据却显示——在一般景区，旅游纪念品的收入实际上仅占景区收入的1%。这意味着当前的纪念品市场并不能满足游客求新求异的购买欲望。游客购买热情的丧失，使得纪念品市场日渐衰落。纪念品作为旅游胜地的一种标志、一种宣传，在旅游产业的可持续发展中，特别是在传统文化的保护与传承方面发挥着巨大作用。基于此，我们应当深层次剖析纪念品市场陷入困境的原因。

（一）纪念品缺乏文化附加值

市面上的旅游纪念品主要由个人或者私人作坊进行生产，由于过度地追求经济利益，纪念品自身制作工艺粗糙、质量低劣，而且缺乏以当地厚重的文化积淀为基础的设计理念，因而使旅游纪念品缺乏相应的文化附加值。

（二）纪念品缺乏地域特色

纪念品市场发展的好坏，关系到生产者的经济利益、旅游产业的可持续发展以及当地旅游文化的保护与传承等方面的问题。当前，旅游纪念品大多是"舶来

品"或者说是"杂交产品",本土化的商品芳踪难觅。此外,由于纪念品市场发展不景气,本土的艺人越来越少,逐渐导致一些传统的手工艺濒临灭绝,由此,一些富有地域特色的纪念品正逐渐淡出人们的视线。

(三)纪念品缺乏对不同游客需求的满足

当前纪念品的生产仅仅考虑生产成本、经济效益的层面,对于不同游客的需求并未准确把握。一方面,从纪念品角度而言,纪念品要么在形式上缺乏新意,要么欠缺深层次的内涵,毫无实用价值可言。另一方面,从游客的角度来说,随着社会的发展,人们具有较强的猎奇心理,喜欢新奇、独具特色的事物,而且从事不同职业的游客对纪念品的需求也不同。因此,纪念品只有符合人们不断变化的物质和精神追求,与时俱进,才能实现纪念品市场的兴旺。

(四)纪念品缺乏必要的宣传攻势

旅游纪念品的发展水平标志着旅游业发展的深度和广度,是旅游经济中长久以来不可忽视的增长点。当前,对于旅游景观的宣传力度较大,而对于纪念品的宣传则鲜有涉及。旅游纪念品作为传播旅游文化的重要载体,对它的宣传其实是对地区旅游文化的宣传。因此,我们应当抓住纪念品市场振兴的契机,促进地区旅游文化的传承和整个旅游产业的可持续发展。

二、纪念品走出困境、实现文化传承的必由之路

当前旅游业的发展方兴未艾,旅游纪念品的发展日渐成为旅游业持续繁荣的重头戏。然而,令人惋惜的是,当前纪念品的发展遭遇"瓶颈",出现了不景气的局面。因此,如何寻求突破,走出困境,生产出既符合现代审美而又不失传统文化内涵的纪念品,实现纪念品市场的振兴和地区旅游文化的传承,是我们当前需要解决的问题。

(一)提升纪念品的文化附加值

旅游购物,是基于地缘文化之上的选择,与人们对一个地区文化传统的认知相关,人们对于纪念品的需求除了要求其具备纪念性外,还要求其具备一定的实用性,即观赏性和收藏价值,所以具有文化特色的旅游商品就成为人们购物的主

打品种。纪念品作为一种饱含文化内涵的地域符号，反过来进一步促进了地区旅游文化的传承。

（二）挖掘纪念品的地域特色

旅游纪念品的开发，最基本也最重要的就是要实现本土化，即保持地域特色。然而，随着社会的发展和人们之间交往的频繁，当地的传统也会或多或少地发生变化，特别是具有地域特色的文化。西方旅游人类学家探讨对文化产生影响因素的时候，着重强调以下几个方面：文化真实性、文化商品化、文化涵化、文化整合、文化传承。其中文化涵化指的是两种或两种以上的文化相互影响、相互作用而发生变迁，引起一方适应或抗拒另一方的文化，最后导致两种文化的变迁与融合的过程。

"文化涵化"为我们解决现代化与传统地域特色文化之间的冲突提供了一个新的思路：只是简单地传承、保持原貌是远远不够的，只有在读懂传统地域文化精髓的基础上进行创新、提高，才是真正的传承。而对于纪念品的发展，我们追求的境界应该是"本土的、传统的，但又是时代的、有个性的"。因此，开发具有地域特色的纪念品，必须在坚守和创新中沿着提升品质的道路坚定地走下去。

（三）增加纪念品的可选性，满足不同游客的需求

首先，要注重纪念品的设计，不管是外形还是内涵，其设计理念必须符合当地的旅游文化。设计师应当在充分了解当地传统文化的基础上，挖掘出文化中所包含的动人故事，并进行平面、立体、人性化和系列化设计，增强纪念品的实用性和观赏价值。

其次，可以在传统纪念品的基础上，发挥创造力，设计纪念品的衍生品。另外，我们还可以针对不同游客的需求，开设风格各异的纪念品专卖店和连锁店，按照当前步行街的经营模式，打造纪念品一条街，增强游客的文化认同感，促进地域性旅游文化的传承。

最后，为了实现纪念品服务的针对性，我们可以在游客购票时采取填写有奖调查问卷的形式。通过对调查问卷的分析、整理，确定不同游客的需求和不同纪念品的受众群，以此在吸收原传统文化的基础上大胆创新。具有创新性的纪念品能够满足游客追求新奇事物的心理，实现纪念品市场的勃兴，进而促进当地旅游

经济的发展和旅游文化的传承。

（四）加强纪念品的宣传力度

大多数的企业都通过其强大的宣传攻势，来树立其品牌形象，进而通过品牌效应推动企业的长久发展。旅游纪念品也不例外。当地政府应当做好纪念品的宣传工作，树立特色品牌。同时，还要加强纪念品的监管和扶持力度，使纪念品能够真正成为一种地域符号。

此外，纪念品的宣传方式也应当是多种多样的，上海"老凤祥杯"和河南"御礼杯"旅游纪念品设计大赛的举办也称得上是一种独具特色的宣传方式，在一定程度上提升了该地区纪念品的知名度，同时也彰显了当地的文化自信。因此，通过地域旅游纪念品的宣传，唤起人们对传统文化的尊重和保护，在促进旅游纪念品市场发展、旅游产业蒸蒸日上的同时，进一步促进地区旅游文化的传承。

以纪念品为地域符号促进地区旅游文化的传承，应当结合地方文化特色，保留原传统文化的精髓和其本真性，在文化涵化的基础上结合不同游客的需求不断进行创新，增加纪念品的可选性，将文化商品化视为促进地区文化发展的一种方式和渠道。同时，政府应当加大纪念品的宣传力度，延伸纪念品的产业链，实现经济和文化的"双赢"。

第七章　文物旅游资源的保护与开发

第一节　博物馆馆藏文物的旅游文化价值

博物馆馆藏文物是一定历史时期人类社会活动的产物，具有不可估量的社会价值。做好博物馆馆藏文物的开发和利用这两项工作，促使博物馆充分发挥知识传播和教育职能，是博物馆的立馆之本。馆藏文物的开发包括藏品征集和藏品信息的开发，馆藏文物的利用是指利用藏品和藏品信息服务社会。馆藏文物的开发是其利用的基础，而利用又关系到开发能否顺利进行，开发与利用之间相辅相成，不可或缺。

一、馆藏文物开发利用的现状

（一）馆藏文物利用不充分

博物馆馆藏文物利用率低，大多数小型博物馆因藏品匮乏难以布置起陈列展览，而藏品丰富的大型博物馆因展厅不足只能展出一部分藏品。馆藏文物主要以陈列展览为主，而陈列展览的内容和形式千篇一律，不能吸引大量观众，以致难以充分发挥知识传播和教育职能。

（二）各博物馆馆藏文物数量和档次悬殊

大多数省市级博物馆的文物都比较丰富，而一些地县级博物馆文物数量少档次低，大型博物馆通常由县市级的中小型博物馆向其调拨档次较高的藏品，使博物馆馆藏文物在数量和档次上存在较大差异。

（三）博物馆馆藏文物征集工作滞后

博物馆馆藏文物征集工作始终没有得到应有的重视和相应的加强，很多博物馆没有专门的藏品征集机构，征集工作被动、盲目、随机。中小型博物馆由于资金匮乏等原因无法征集到较高档次的藏品，靠移交、收购、捐赠等传统征集手段难以发挥作用。

（四）藏品信息开发与利用进展缓慢

博物馆藏品信息开发与利用进展缓慢，藏品信息数据库建设速度慢、规模小、规范性差、联网水平低、利用率低、更新速度慢。藏品信息网络化建设滞后，每个博物馆都有自己的文物藏品信息系统，但大多数应用在单机或局域网，不能实现信息数字化、集成化、系统化和网络化。

（五）资金投入不足

博物馆为非营利性的公益机构，经费来源基本上是中央或地方政府按编制拨款。但是，每年拨的经费并不能满足博物馆事业发展的需要，影响了博物馆藏品的开发和利用。

二、开发利用博物馆馆藏文物的必要性

加强对博物馆馆藏文物的开发和利用，挖掘藏品中蕴含的文化信息，充分发挥博物馆作为社会文化中心的作用和社会效益，将促进对博物馆馆藏文物价值的全面定位，拓展博物馆工作领域，进而更好地服务于社会。

三、博物馆馆藏文物开发利用的策略

（一）加大资金投入力度

政府应增加政策支持，在政策上对博物馆有一定的倾斜，包括直接的财政支持、立法和税收等方面的政策支持，增加专项经费的额度，协调地方政府加大对博物馆事业的资金投入。另外，博物馆应在日常工作中，通过强化自身管理节约支出，将节省下来的钱用于馆藏文物的开发利用。同时，积极争取社会捐赠和基金扶持，借助社会各界的帮助解决资金不足的难题。

（二）提高藏品征集工作水平

馆藏文物是博物馆存在的基础，博物馆应重视藏品征集工作并落实到实践中，成立专门的部门，抽调专业人员，建立健全藏品征集制度，不断拓宽藏品征集渠道。理顺与考古部门、文物商店等部门的关系，使考古发掘的出土文物和文物商店收购的文物能及时补充到博物馆。对捐赠个人或单位以适当的物质奖励和相应的荣誉，鼓励社会向博物馆捐赠。从民间、收藏家和拍卖行直接收购文物，抢救散落于民间的文物。

（三）强化陈列展览工作

当前我们应开辟更多的展厅，定期更换展品，提高藏品使用率。博物馆要想吸引更多观众就应重视观众的娱乐需求，在休闲娱乐中开展教育活动。

（四）加强专业人才队伍建设

博物馆应着手培养相应的专业人才，建设学术梯队，才是做好藏品研究、开发藏品信息的根本。对自己当前所拥有的专业人才数量和构成有一个清晰的了解，进而确定人才培养和引进的努力方向，根据自己的规模和实力提供合理的待遇条件，吸引专业研究人员。

（五）积极开展馆藏文物信息的开发与利用

博物馆应加强对现有馆藏文物的研究，挖掘藏品的历史文化内涵，使馆藏文物分门别类，有益于日常管理和利用。

（六）在开发利用的同时重视馆藏文物的保护

馆藏文物保护管理工作是博物馆一项重大的基础性工作，完善文物库房和展厅设施，健全各项规章制度，使文物保护工作有法可依，文物工作人员要从观念上重视文物保护工作。

总之，随着社会大环境和人们的生产生活方式的不断变化，博物馆要与时俱进，积极探索开展馆藏文物开发与利用的有效途径，使数量巨大的博物馆馆藏文物能够物尽其用，充分发挥出为公众提供知识、教育和欣赏的职能，为社会文化事业发展和精神文明建设提供服务。

第二节　考古文物与旅游文化

本节拟就考古文物与旅游文化的关系作一论述，目的是在理论上和实践中促进两者更好地结合，以便适应我国旅游事业更快发展的需要。

一、考古文物与旅游文化资源的开发利用

旅游资源被分为自然旅游资源和人文旅游资源两大部分，后者即为文化资源，主要是指能反映人类历史、社会、文化、经济等发展状况的遗址、遗迹、遗物等文物考古遗存。其次就是现存的民俗、民族文化和社会民情风貌，但要弄清它们的渊源来历及其在历史上的变迁情况，最好也要尽可能地结合有关的文物考古成果加以说明，将现实与历史联系起来，才能更有吸引力。

从旅游文化学的角度分析，趣味性、知识性、多样性和可变性是旅游文化资源的基本特征。传世和流散文物的征集、拣选、抢救工作，以及地面文物的保护维修工作也取得了巨大成就。它们是取之不竭的旅游文化资源。

（一）文物考古旅游资源趣味性和知识性的开发利用

文物考古成果作为旅游资源，首先具有趣味性和知识性。从古至今，流传着关于人类起源的种种神话和传说。但是，真正能够科学地回答人类起源问题的，是旧石器时代考古学成果。这些旧石器时代考古硕果，不仅对于从科学上探讨人类起源具有重要意义，而且对国内外旅游者来说，也具有巨大的吸引力，因为在这些古猿和古人类化石中蕴藏着极大的神秘性、趣味性和知识性。旅游部门如能开辟"人类起源探秘"专题旅游线路，相信一定会受到国内外旅游者的欢迎。同理，诸如以古陶瓷和古瓷窑为内容的"中国古陶瓷"专题旅游，"中国古代帝王陵墓"专题旅游等，都是充满趣味性、知识性而又与文物考古密不可分的文化旅游活动。

（二）文物考古旅游资源多样性的开发利用

文物是过去人类活动的物质遗存。从几百万年前直到当代，不同时期、不同地区的人类，在不同的社会生产和社会生活的各个方面，都有可能将他们的物质文化遗留至今，从而构成了文物多样性、复杂性的特点。就文物来源分类，既可分为以科学考古方法调查或发掘出来的古遗址、古墓葬、古城址、古窑址、古建筑、摩崖石刻以及数量惊人的出土文物，又有从各个方面征集来的流散文物，还有从民族地区或民俗地区征集来的民族文物和民俗文物等。再者，我国考古文物界的新发现总是层出不穷，令人惊异，因此又具有极大的新闻性。文物考古成果的复杂性、多样性和新闻性，为我国旅游文化资源的开发利用提供了广阔的天地。

作为旅游文化资源的考古文物硕果，还具有转化成服务功能的经营资源的可变性。跟考古文物硕果有关的编饶乐、编磬乐、编钟乐、钟磬配合的"金声玉振"音乐（祭孔古乐）、楚乐、唐乐等，都可以把旅游者"带"到几千年前的历史中去，这样，现代中国与"泱泱古国"间就架起了一座无形的桥梁，把旅游者带入到"悠悠古境"中去。这是考古文物硕果可变性的奇妙之处。积极稳妥地发展包括字画、陶瓷、青铜器等在内的古文物复制品、碑刻拓片、文物史迹纪念章，以及少数民族服饰、民间刺绣品、挂饰、挂瓶、壁挂、剪纸等民族文物或民俗文物，是文物考古成果可变性的又一重要体现。

特殊的旅游工艺品、纪念品或民族文物和民俗文物，也因风格各异而显得绚丽多彩，更具有地方特色和民族特色，也就更能满足不同层次旅游者的不同需要。特别应该强调的是，在开发和利用作为旅游文化资源的考古文物硕果时，除注意观赏效能外，还要在其可以转化为经营资源的可变性上多下功夫。

二、考古文物的特殊教育功能与旅游文化的感染熏陶作用

考古文物具有很重要的教育功能，无论是古代文物，还是近现代文物，其本身就是一种直观的、形象生动的教材，具有其他教材和教育手段所无法取代的作用。正因如此，在旅游文化资源中，考古文物应该占有非常重要的地位。我国丰富的考古文物瑰宝能发挥它独特的教育功能，使外国旅游者在充满浓厚文化气息的旅游中，看到遍布中国的古建筑、石窟寺、古摩崖石刻碑碣、古遗址、古墓葬

以及不可计数的各种各样精美无比的古文物，富有历史意义的近现代文物、史迹或纪念地，还有充满了民族特色或民俗特色的文物。在这种种直观形象并富具魅力的感染熏陶之下，感受到中国文明的古老、悠久，领悟到中华民族的伟大，考古文物的教育功能和旅游文化的感染熏陶作用相结合，能达到使外国来华旅游者了解中国悠久灿烂的历史文化的目的。

就国内而言，目前旅游人数也在不断增加。如何在旅游中大力加强文化意识，也是事关社会主义精神文明建设的大事，在这方面充分利用我国考古文物成果是可以大有作为的。文物作为历史的有力见证，具有毋庸置疑的真实性和无可辩驳的说服力，是进行辩证唯物主义、历史唯物主义和爱国主义教育的最好教材。

第三节　文物旅游资源的开发

一、我国文物旅游资源的时空特征

（一）空间上呈不均衡状态

我国文物资源主要集中在山东、江苏、四川、浙江、陕西、河北、河南、山西等省。河南、河北、陕西、山西、四川、江苏、浙江、山东、湖北等省文物指数最高。海南、青海、宁夏、天津、西藏、重庆、上海、黑龙江、贵州综合指数都在-0.5以下。

（二）各类文物分布相对集中

近现代重要史迹及代表性建筑主要集中分布在河南、河北、陕西、山西等省。石窟寺石刻主要分布在河北、浙江、江苏、陕西等省；古建筑及历史纪念建筑物集中分布在江苏、陕西、四川等省；古遗址在浙江、吉林、山西、甘肃等省较突出；古墓葬主要在江苏、湖北、山西、山东等省；革命遗址及革命纪念建筑物分布在陕西、江西、湖北、湖南、江苏、广东等省。

（三）区域差异明显，民族地区文物偏少

我国北方主要以古遗迹、古建筑、古墓葬为主，南方地区以近代史迹和革命遗迹为主。摩崖石刻在我国的北方南方都有出现。我国北方地区文物多，东南方地区文物少，直辖市文物偏少。汉族地区文物多，少数民族地区文物较少。普遍缺乏近代历史遗迹和革命遗迹文物旅游资源。

二、成因分析

（一）历史文物的出现与生产技术的发展相关

在远古时期，我国进入石器时代，生产力低下，以捕鱼狩猎为生，形成了原始的人类文化，留下一些人类活动的遗址。进入青铜时代，我国生产力还较低，不能建设规模巨大、技术要求高的工程，此时文物以古墓葬、古遗迹为主。进入铁器时代，农业、手工业有所发展，生产力大大进步，社会剩余产品增加，社会分工细化，城市的防御功能、生产功能、商业功能、管理功能逐步加强，石刻摩崖、古建筑开始出现，并分别在唐宋和明清时期达到高潮。西汉时古墓葬发展达到高潮。随着生产力和建筑技术的发展，古建筑的类型也日益增加，规模宏大、奢侈建筑物开始出现。北宋、金以寺庙和塔为主；元的宫殿庙宇，明的城墙、城楼、寺庙、塔、府第、宫殿、民居建筑、园林等多样建筑，清的书院、城楼、府第、宫殿、民居建筑、园林等颇为繁盛。

（二）历史文物反映特定的地缘环境和历史过程

西汉时期经济、行政、军事都得到了发展，对外抗击匈奴，张骞出使西域等，促进中国各民族之间的融合；唐朝社会安定政权稳固，人民安居乐业。明朝出现了郑和下西洋的壮举，清康熙、雍正、乾隆时期的农业发展迅猛，经济繁荣、社会稳定。这些时期也是我国古建筑、古墓葬、摩崖石刻、古遗迹形成的重要时期。

黄河流域及北方地区文物遗存极其丰富。自唐以后，由于历代中原地区多次战乱破坏，以及长江流域经济迅速兴起，促使经济重心南移，促进了南方城市发

展和南方的对外交往，使这里经济文化繁荣、人口猛增，教育更加发达，人才辈出。在此期间留下众多的近代文化古迹。

近代沿海各地抗击外国侵略的运动高涨，留下众多的近代史迹。广东、江苏、北京、湖南、江西、陕西等地红色革命活跃，留下众多的革命遗迹。

（三）历史文物分布受制于特定的地理环境

我国地大物博，地理环境多样，给各种文物的产生和保存留下了多样的空间。东南地区气候炎热湿润，加之开发较晚，古建筑、古石刻、古遗迹较少，保留下来的不多，主要文物为近代史迹和革命遗迹、园林和少量的其他近代建筑。我国北方地区，农业经济发达、人口密集、朝代更迭频繁，历经了许多的历史事件，留下众多的历史、文化遗迹。如宫殿建筑、古墓地、战争遗迹等。干燥少雨的气候，也利于北方古代建筑和古代石刻的保存。

（四）再现民族、建筑等文化与生活习俗

如墓葬文化反映了当时的科学技术、民俗风情和社会生活。人们还有刻碑记事的传统，摩崖石刻在中国古代十分流行。我国自科举制度以来有学而优则仕的传统，各地大兴私塾和学堂，后来兴起书院。文化发达的地区此类文物数量就较大。

封建社会朝廷大修宫殿或行宫，地方官员也效仿大修府邸和衙门，建筑讲究中轴对称和等级区分。民间建筑则以实用为主，形成了各地因地制宜的很有特色的民用建筑。如北京的四合院、黎族的船形屋等。中国的官方建筑或民用建筑多是土木结构。保存下来的古建筑多是近期的建筑而且多在气候较干燥的北方地区。

三、保护和开发对策

（一）因地制宜，保护与开发相结合

我国古建筑多为木质结构，多建于元明清时期或更早，保护时要在保持原有风貌的情况下进行结构性加固，防止这些文物的倒塌，对其表面进行防护处理，防止这些文物受到来自空气和水的污染，使其能防腐蚀和抗风化、避虫害。在地

震灾害地区要加强防震的处理和灾后的抢救性保护。我国石刻多产生于唐宋时期，年代久远。摩崖石刻开发要注意控制旅游流量，防止过度开发，同时要注意在不利气候条件下的风化和侵蚀。尤其是四川和其他南方地区气候暖湿不利于石刻的保存。一些古墓葬由于保护不够而受到地下水的侵蚀破坏，或因技术条件不足，开发后遭受二次破坏。要加强古墓开挖技术和保护技术的研究，加强对古墓的保护，控制挖掘，严禁私自开挖开发盗窃古墓文物。

（二）尊重和发展少数民族文化，挖掘海疆文化

我们要尊重和保护少数民族文化，重视少数民族地区的文物挖掘和少数民族文化的弘扬和发展。对少数民族有重要影响的历史人物遗迹和历史事件遗迹要加以挖掘和保护，对目前的快要倒塌或灭失的少数民族文化遗存、民居建筑要列为重点保护的对象。

我国海洋面积广阔，海上交通频繁，沿海省市文物偏少，海上文物更是稀缺。今后应加强海上文物古迹资源的普查和挖掘保护，尤其要加强海疆文化遗迹、航海技术遗迹、航海史迹等文物资源的开发保护，形成系列，树立海上文化旅游品牌。

（三）强化旅游区文物挖掘和开发，丰富文化内涵

广东、广西、贵州、上海、重庆、海南、天津等地区是我国改革开放和经济建设重要的旅游省份，却相对缺乏文物旅游资源。这些地区要加强文物旅游资源的开发保护和利用，以文物旅游资源为依托，树立文化旅游品牌。

（四）文物开发与经济发展结合，发挥资源优势

我国经济发达的沿海地区，有许多的近代史迹和革命遗迹流传，如上海、北京、广东、湖南、浙江、江苏等地。这些地区要注意挖掘和保护文物古迹，充分利用革命遗迹、现代史迹的优势，发展文化旅游。

我国一些文物丰富的西部地区经济相对落后于东部沿海地区。今后可以考虑与文化旅游发展相结合，开辟文化旅游专线，活化文物古迹，把保护和开发结合起来，塑造旅游之魂，把资源优势变为经济优势，振兴地方经济。

结束语

我们之所以要保护文物，主要是为了发挥文物在历史研究和探索中的价值与作用。文物的利用需要以文物保护为前提，并在利用的过程中进行二次保护。文物是不可再生的旅游资源，能够创造出更多的经济效益和社会效益。文物的保护对于传统文化的传承与发扬有着极其重要的意义。由此一来，我们在对文物进行有效保护的同时，还能体现文物的价值，又能促进当地的旅游业发展，可谓一举三得。

随着旅游业的快速发展，文物的管理和保护也面临着新的挑战。文物保护和旅游发展之间不能是对立的关系。只利用而不保护，会影响文物的历史研究价值，也会导致经济效益的下降。只保护不利用，就丧失了文物保护的意义，也无法满足大众的文化需求。

我们需要以文物保护为前提，来对文物资源进行合理的利用，从而促进旅游业的发展，实现文物保护和旅游业发展的有机结合。要想达成这一目的，在笔者看来应该做到以下几点。

（1）从长远的角度出发，在当地旅游发展的规划和战略布局中加入文物保护这一项工作内容。当地政府与相关部门要充分认识到文物保护对旅游发展的意义，然后制订出一系列可行的文物保护方案，为后续旅游区内文物保护工作的有序开展提供依据。

（2）规章制度的健全与完善。部分特殊的文物古迹须安排专人进行保护，并由工作人员在规定的时间内对旅游区内的文物古迹进行排查和检查，适当提高文物保护的资金力度，组织开展专项的文物保护活动。

（3）作为文物保护部门，须联合旅游部门共同参与文物保护工作，并形成良好的合作关系。

（4）有效调整客流量，避免旅游区的超负荷运行，否则会增加文物受损的概率。

（5）警示游客不可有意破坏文物。在旅游区的显眼位置设置警示牌，对游客进行宣传教育。如果有人故意破坏文物，须依法追究其法律责任。

参考文献

[1] 赵国瑞.数字化时代下博物馆文物陈列与保管的探究[J].上海轻工业，2023（6）：105-107.

[2] 吴宏瑜.博物馆文物藏品保护与利用工作的开展策略[J].参花（上），2023（11）：53-55.

[3] 柳萌.考古发掘及博物馆保管中文物保护问题探究[J].参花（上），2023（11）：44-46.

[4] 任重.地方博物馆文物保护工作的思考探讨[J].参花（上），2023（11）：47-49.

[5] 沈军民.博物馆馆藏文物管理与保护的有效策略探究[J].参花（上），2023（11）：50-52.

[6] 赵文婷.博物馆文物保护技术与安全管理的现代发展趋势[J].炎黄地理，2023（10）：86-88.

[7] 高慧，冯骁英.数字化技术在博物馆文物保护工作中的应用价值分析[J].收藏与投资，2023，14（10）：122-124.

[8] 冀红.博物馆文物的保护与管理之路[J].炎黄地理，2023（8）：83-85.

[9] 裴莹.中小型博物馆文物的保护与管理新风尚[J].炎黄地理，2023（8）：86-88.

[10] 张彬."两创"视域下博物馆文物保护路径探析[J].文化月刊，2023（8）：113-115.

[11] 马为民.文物鉴定与价值评估：当代博物馆藏品保护的理论与实践[J].收藏，2023（8）：144-146.

[12] 文物保护修复要发扬严谨细致的工匠精神[N].四川日报，2023-07-30（008）.

[13] 李云强.博物馆文物管理中的文物保护措施分析[J].收藏，2023（7）：148-150.

[14] 杨焱.博物馆文物收藏职能与文物保护方法的思考[J].收藏，2023（7）：166-168.

[15] 吴刚.让文物进入旅游赛道[N].团结报，2023-05-14（001）.

[16] 吴秀清.文物保护在文化旅游景区建设中的融合[J].旅游纵览，2023（5）：129-131.

[17] 拾峰.活化文物资源赋能旅游高质量发展[J].群众，2023（4）：8-9.

[18] 何宏馨.文物古迹保护与旅游开发研究[J].旅游纵览，2023（1）：92-94.

[19] 陈昀.文物旅游的融合发展之路[J].交通建设与管理，2022（5）：53-55.

[20] 郝捷.文物古迹保护与旅游开发探析[J].旅游纵览，2022（13）：77-79.

[21] 魏强.旅游开发与文物保护要相辅相成[J].炎黄地理，2022（5）：62-65.

[22] 孟文丽.论博物馆文物保护与旅游开发的可持续平衡发展[J].旅游与摄影，2021（24）：72-73.

[23] 陈玲梅.文物古迹保护与旅游开发研究[J].丝绸之路，2021（3）：177-180.

[24] 杨阳.新形势下古文物保护与旅游开发协调发展措施探究[J].旅游纵览，2021（10）：10-12.

[25] 李甜.旅游文化的特点及其在旅游业中的重要性分析[J].旅游纵览，2020（20）：20-22.